Inteligência artificial
E APRENDIZADO DE MÁQUINA

Dados Internacionais de Catalogação na Publicação (CIP)
(Simone M. P. Vieira - CRB 8ª/4771)

Rahman, Was
    Inteligência artificial e aprendizado de máquina / Was
Rahman; tradução de Lana Lim e Anna Lim. – São Paulo: Editora
Senac São Paulo, 2022.

    Título original: AI and machine learning
    Bibliografia.
    ISBN 978-85-396-3278-7 (impresso/2022)
    e-ISBN 978-85-396-3279-4 (ePub/2022)

    1. Inteligência artificial 2. Inteligência de dados I. Lim, Lana.
II. Lim, Anna. III. Título.

22-1492t

                          CDD – 006.3
                        BISAC COM004000

Índice para catálogo sistemático:

1. Inteligência artificial   006.3

WAS RAHMAN

Tradução: Lana Lim e Anna Lim

Inteligência artificial

E APRENDIZADO DE MÁQUINA

Editora Senac São Paulo – São Paulo – 2022

Administração Regional do Senac no Estado de São Paulo

Presidente do Conselho Regional: Abram Szajman
Diretor do Departamento Regional: Luiz Francisco de A. Salgado
Superintendente Universitário e de Desenvolvimento: Luiz Carlos Dourado

Editora Senac São Paulo

Conselho Editorial: Luiz Francisco de A. Salgado
Luiz Carlos Dourado
Darcio Sayad Maia
Lucila Mara Sbrana Sciotti
Luís Américo Tousi Botelho

Gerente/Publisher: Luís Américo Tousi Botelho
Coordenação Editorial: Verônica Pirani de Oliveira
Prospecção: Dolores Crisci Manzano
Administrativo: Verônica Pirani de Oliveira
Comercial: Aldair Novais Pereira

Edição de Texto: Heloisa Hernandez
Coordenação de Revisão de Texto: Marcelo Nardeli
Preparação e Revisão de Texto: Mariana Cardoso
Projeto Gráfico, Capa e Editoração Eletrônica: Antonio Carlos De Angelis
Coordenação de E-books: Rodolfo Santana
Impressão e Acabamento: Arte Impressa

Todos os direitos reservados. Nenhuma parte deste livro pode ser reproduzida ou utilizada sob quaisquer formas ou meios, eletrônico ou mecânico, inclusive por fotocópia, gravação ou qualquer sistema de armazenamento ou recuperação de informações, sem autorização por escrito dos editores.

Todos os direitos desta edição reservados à
Editora Senac São Paulo
Av. Engenheiro Eusébio Stevaux, 823 – Prédio Editora
Jurubatuba – CEP 04696-000 – São Paulo – SP
Tel. (11) 2187-4450
editora@sp.senac.br
https://www.editorasenacsp.com.br

Copyright © Was Rahman, 2020
Primeira edição em 2020, por SAGE Publications India Pvt Ltd (Índia),
SAGE Publications Inc (Estados Unidos), SAGE Publications Ltd (Reino Unido),
SAGE Publications Asia-Pacific Pte Ltd (Singapura).
Esta tradução é publicada por acordo com SAGE Publications India Pvt Ltd.

Sumário

Nota do editor, 7

Prefácio, *por Anand Srinivasan*, 11

Introdução, 13

::

1. O que é IA, o que não é e o que pode vir a ser, 17

2. Uma longa e conturbada história, 39

3. Como funcionam a IA e o AM, 51

4. Transformando as empresas e a sociedade, 101

5. Os riscos, as consequências e os dilemas trazidos pela IA, 135

6. O fim do começo ou o começo do fim?, 151

::

Referências, 165

Nota do editor

Neste livro, Was Rahman, físico, cientista de dados e especialista em tecnologia, que já assessorou tanto instâncias governamentais como importantes empresas em escala mundial, apresenta os principais conceitos relacionados à inteligência artificial e ao aprendizado de máquina, explicando do que se trata, como surgiram, quais são suas principais aplicações e como têm transformado a sociedade.

Ao exemplificar como tais recursos já se fazem presentes no cotidiano das pessoas e como algumas empresas atualmente centralizam conhecimento sobre a inteligência de dados, o autor ressalta a importância de se pensar acerca do controle e das normatizações de uso da tecnologia. Também alerta sobre as possíveis consequências relacionadas à substituição da máquina no desempenho de atividades antes meramente humanas e suas implicações éticas: como se dá a tomada de decisões por meio de uma máquina? Quais são os critérios adotados?

Esta publicação do Senac São Paulo visa disseminar conhecimento sobre o tema, a fim de que ninguém se perca em meio às inovações tecnológicas que vêm sendo incorporadas globalmente, e fomentar o debate sobre os usos e o impacto da inteligência artificial e do aprendizado de máquina, em ambiente profissional e em nosso dia a dia.

Dedico este livro a Zayn e Gabriel,
que terão de viver com as consequências
do que estamos fazendo com o mundo deles.

Prefácio

A obra de Was Rahman sobre inteligência artificial (IA) e aprendizado de máquina (AM) é um conciso panorama das formas como essas fortes tendências moldarão nosso cotidiano pelas próximas décadas. O autor tece uma narrativa cativante que engloba desde os primórdios até os dias atuais, e oferece uma perspectiva para a utilização dessa tecnologia no futuro. Rahman articula de forma eficiente o significado dessas propensões para o mundo dos humanos e da computação, criando uma leitura leve e didática que sacia as mentes curiosas, sem a necessidade de um conhecimento de programação em Python, TensorFlow ou MXNet.

A partir do panorama histórico traçado por Rahman, pode-se fazer uma rica análise sobre como filósofos, matemáticos, cientistas e engenheiros contribuíram para a forma atual da IA. Com destreza, o autor concatena os resultados de projetos iniciais, desde o British Science Research Council até os progressos feitos pela Agência de Projetos de Pesquisa Avançada de Defesa (Darpa, do inglês *Defense Advanced Research Projects Agency*), pelo Dartmouth College e pelo governo japonês. Ele nos lembra de como Hollywood atiçou a criatividade com J.A.R.V.I.S. (*Just A Rather Very Intelligent System* ou Apenas um sistema bastante inteligente) em *Homem de ferro*, e nos fez temer as possibilidades sinistras de Hal em *2001: Uma odisseia no espaço*.

Como os seis conceitos principais de Rahman para a IA e o AM são bem definidos e amplamente aplicáveis em uma série de usos, desde a visão computacional até o processamento de linguagem natural (PLN), passando pela automação de processos, os leitores se identificarão com a *alegria* desse aprendizado profundo, ainda que vinda do ensino a uma máquina.

Esta é uma obra necessária para as mentes curiosas de líderes empresariais, cientistas, médicos, educadores e estudantes. Todos encontrarão algo de útil aqui; desde a empresa que precisa de uma análise dos pontos fortes e fracos, oportunidades e ameaças da IA, até o estudante que considera diferentes campos de estudo ou de carreira. Para oferecer aos leitores uma compreensão mais ampla de como, quando e onde a IA pode ser usada, Rahman fala sobre as aplicações mais comuns dela no dia a dia – alto-falantes inteligentes, automação residencial, sistemas de navegação, algoritmos de previsão de intenção de compra, cotações de seguro e logística – e outras, como recursos humanos, em que o emprego de IA é complexo do ponto de vista jurídico.

Muito se sabe a respeito da IA, mas também há muito que sequer se sabe que não se sabe. E, embora alguns temam esse futuro, Rahman aborda questões cruciais, como controle, moralidade e legalidade, das quais as gigantes da IA – Amazon, Facebook, Alibaba e Google – tentam ter uma sólida compreensão a respeito.

Além de apresentar suas próprias visões sobre o futuro da IA, Rahman assimila as concepções de alguns dos grandes pensadores do tema, como Kurzweil, Asimov, Kaku, Feynman, Toffler e Webb. O que sabemos é que teremos limitadas ferramentas de IA para melhorar drasticamente a qualidade da vida humana para essa geração, ao mesmo tempo em que avançamos seu escopo, e ainda refletiremos sobre a utopia ou o medo da singularidade que possa advir da IA em potencial.

ANAND SRINIVASAN, *líder global de TMT & analista de tecnologia sênior*
Bloomberg Intelligence, Pennsylvania, EUA

Introdução

> **"É PRECISO TER ALGO ALÉM DA INTELIGÊNCIA PARA AGIR DE FORMA INTELIGENTE."**
>
> Fiódor Dostoiévski (*Crime e castigo*), romancista e filósofo russo

O primeiro problema em se tentar entender a IA atualmente é o fato de que sequer se consegue chegar a um consenso quanto à sua definição. Se você fizer uma dezena de buscas na internet com a pergunta "O que é IA?", dentre os resultados encontrará pelo menos uma dezena de respostas diferentes. A maioria delas provavelmente estará correta, mas muitas incluirão uma linguagem técnica ou notação científica, o que dificulta a compreensão por parte de um leigo.

Muitos especialistas argumentam que, para entender a IA e o AM, é necessário um sólido conhecimento em matemática, física e ciência da computação. Se o intuito for criar sistemas de IA, eles têm total razão. Mas assim como você não precisa de uma graduação em engenharia para ter ou dirigir um carro, ou mesmo trabalhar na indústria automotiva, também não é necessário ser um especialista para entender e utilizar a IA.

Este livro é recomendado justamente às pessoas que querem entender a IA, como ela funciona e o que significa, mas não têm conhecimento significativo em matemática, ciências ou tecnologia.

POR QUE LER SOBRE IA E AM?

A IA, o AM e os termos relacionados a eles, como *algoritmos* e *aprendizado profundo*, estão sempre à nossa volta. Em jornais diários ou até na apresentação anual do faturamento de uma empresa, as pessoas os usam livremente e com frequência; às vezes como sinônimos e, muitas vezes, de forma superficial.

Discussões típicas com empresas a respeito de IA costumam oscilar entre o exagero e a realidade, além de perguntarem sobre o uso da IA para melhorar o desempenho de um negócio. Basicamente, são variações da pergunta: "Como e quando devo usar a IA e o AM em meu negócio?". Em compensação, conversas com amigos e familiares sobre IA, em geral, dividem-se em dois grandes temas: as discussões mais acaloradas giram em torno de preocupações com ameaças à privacidade, como um cenário de vigilância orwelliano; mas também é normal haver um espanto com as conveniências mais recentes que estão sendo incorporadas no cotidiano. Por exemplo, cupons de desconto de lojas que parecem saber exatamente o que precisamos comprar naquela semana, ou novidades como um carro com função de estacionamento automático. Curiosamente, essas conversas raramente começam a partir do assunto *inteligência artificial*, uma vez que, frequentemente, as pessoas sequer percebem que há IA ou AM envolvidos.

Demorou, mas finalmente a IA alcançou uma certa maturidade e se espalha rapidamente. Em breve ela estará, e é possível que já esteja, em tudo que nos cerca, afetando quase integralmente o que fazemos e vivenciamos.

Assim, este livro ajudará você nos seguintes aspectos: entender como IA e AM estão mudando o mundo ao seu redor; assimilar os jargões utilizados tanto por especialistas quanto por leigos; saber como essas tecnologias afetam a vida profissional; não se perder em meio a uma nova geração de colegas, consultores e iniciativas da gerência; e, caso ainda esteja no início da carreira, entender como se preparar para conquistar seus objetivos profissionais e onde essas tecnologias poderão se encaixar em sua trajetória.

O QUE O CONTEÚDO DESTE LIVRO TRAZ
(E O QUE NÃO TRAZ)

Esta publicação esclarece o significado de alguns termos, como IA, AM e afins, aplicados ao cotidiano do trabalho e em casa, incluindo as implicações e as mudanças geradas por essas tecnologias. No capítulo 1, "O que é IA, o que não é e o que pode vir a ser", o autor analisa, inicialmente, o significado de inteligência em geral, não somente a artificial, e apresenta o conceito de IA e outros termos importantes que surgem no decorrer do livro. No capítulo 2, "Uma longa e conturbada história", traz o contexto histórico, que muitas vezes é desconsiderado atualmente, como surgiu a IA e por que ela teve tantos falsos começos, além de contar o motivo de essa geração de IA ser diferente das anteriores.

Para ajudar a lidar com o instinto natural dos especialistas (de todas as áreas), que usam jargões a fim de se protegerem de pessoas de fora, no capítulo 3, "Como funcionam a IA e o AM", é explicado, de forma didática, os princípios e aplicações desses conceitos, abrangendo matemática, ciência e o que as pessoas fazem ao criarem IA. No capítulo 4, "Transformando as empresas e a sociedade", ilustra-se como tudo isso se junta em casa, no escritório, no comércio e em todos os lugares. Esse uso generalizado cria dilemas para os responsáveis pelos países, continentes e corporações dos quais somos totalmente dependentes. No capítulo 5, "Os riscos, as consequências e os dilemas trazidos pela IA", o autor resume alguns desses desafios e o que eles podem significar na prática. Por fim, no capítulo 6, "O fim do começo ou o começo do fim?", são abordados fatores que provavelmente moldarão o futuro da IA e do AM, além de uma análise do que profissionais renomados da área de IA têm a dizer sobre o assunto.

O conteúdo se baseia predominantemente em fatos, procurando ilustrar e explicar a IA e o AM com informações geralmente aceitas pelo público e a partir da experiência do autor, ponderando a respeito de polêmicas sobre esses temas.

Esta publicação é uma introdução concisa para um assunto complexo; por princípio, ela não explora em profundidade as peculiaridades e nuances de cada tópico, e também não discorre em detalhes sobre os *porquês* e *comos* por trás do que se descreve. Para quem se interessar por uma abordagem mais aprofundada sobre as ideias e informações apresentadas, o livro traz um conjunto abrangente de referências que incluem teor acadêmico, geral e especializado.

1 O que é IA, o que não é e o que pode vir a ser

"ÀS VEZES PARECE QUE CADA NOVO PASSO QUE SE DÁ EM DIREÇÃO À IA, EM VEZ DE PRODUZIR UM CONSENSO QUANTO AO QUE SEJA UMA INTELIGÊNCIA REAL, SÓ REVELA O QUE NÃO É A INTELIGÊNCIA REAL."

DOUGLAS HOFSTADTER, escritor vencedor do Prêmio Pulitzer e cientista cognitivo

Agora que a IA faz parte de nosso vocabulário, o sentido que atribuímos à expressão é mais relevante do que nunca. Para entendê-la, devemos analisar o que significa inteligência de forma geral, e qual a distinção entre a inteligência fabricada pelo homem e a natural.

Encontraremos muitas formas diferentes de IA à medida que formos aprendendo a seu respeito. Veremos que entendê-las se torna mais fácil se tivermos clareza quanto aos diferentes tipos de inteligência dos quais se está falando. Talvez a IA esteja passando por algo parecido com o que se diz da "relação dos esquimós com a neve"; embora não proceda a informação de que eles teriam mais palavras para *neve* do que outras culturas, o conceito principal permanece: quando algo é importante para um grupo de pessoas, a língua que o descreve evolui, tornando-se mais rica e mais detalhada. Para entender a IA, termos cotidianos podem já não ser mais suficientes, especialmente para assimilar sutilezas e distinções importantes. Assim, nossa primeira parada é a palavra *inteligência*, que é familiar, mas simples só na aparência.

O QUE SIGNIFICA *INTELIGÊNCIA*, SEJA ELA HUMANA OU NÃO?

Antes de abordarmos a inteligência em computadores, analisemos primeiro o que queremos dizer com a palavra *inteligência* propriamente dita, como usamos esse termo. Apesar de psicólogos e pesquisadores discutirem essa questão há mais de um século, não precisamos resolver esse debate, mas, sim, ter clareza quanto ao que estamos falando.

COMO *VOCÊ* DECIDE QUAL O GRAU DE INTELIGÊNCIA DE UMA PESSOA?

Quando você conhece alguém, geralmente se apressa para formar uma opinião sobre o quanto essa pessoa é inteligente, especialmente em relação a você mesmo. Isso pode mudar com o tempo, mas a sua visão sobre a inteligência alheia se baseia no comportamento do outro. Quando você faz isso e julga que tal pessoa é *inteligente*, o que está por trás dessa percepção? O que o faz considerá-la mais ou menos inteligente do que outra pessoa?

Talvez seja o quanto ela sabe ou observa mais do que você. Pode ser a aparente articulação ou perspicácia dela. Ou talvez ela seja simplesmente mais bem-sucedida em realizar as coisas do que os outros. Não existe uma resposta única e simples para explicar o que queremos dizer com inteligência em humanos; é uma palavra que, sozinha, abrange uma variedade de características.

Uma tentativa superficial poderia desvendar tais aspectos sobre a pessoa: (a) ter mais conhecimento do que você; (b) ter mais experiência do que você; (c) ter boa memória; (d) fazer observações perspicazes; (e) demonstrar sensatez nas opiniões (ou talvez sabedoria); (f) pensar rápido; (g) resolver problemas com facilidade; (h) atingir metas consistentemente; (i) aprender com experiências passadas; (j) adaptar-se a situações novas; e (k) criar novas ideias e conceitos.

No dia a dia, não conseguimos necessariamente avaliar a inteligência de alguém a partir de uma pontuação ou uma medição. É mais provável que façamos um juízo baseado em como a pessoa demonstra características como as citadas anteriormente. Se houvesse uma contradição entre nosso juízo e tal pontuação (por exemplo, QI ou notas de provas), poderíamos muito bem ter mais confiança em nossa própria opinião.

Em outras palavras, no uso corrente, *inteligência* não é um termo absoluto, que possa ser definido de uma única forma (que seja útil), mas, sim, um verbete altamente contextual, que pode variar muito de significado. Quando você o usa para falar de uma pessoa, normalmente se trata de uma reflexão subjetiva do que inteligência significa para você pessoalmente, e não de acordo com livros didáticos ou resultados de testes.

E A INTELIGÊNCIA DE OUTRAS ESPÉCIES?

Para discutir a inteligência em máquinas, olhemos primeiro para a inteligência em outras criaturas não humanas. Você provavelmente aceita que os humanos sejam considerados mais inteligentes do que os papagaios e os chimpanzés, e, definitivamente, mais do que pombos, golfinhos e formigas. Claro, isso é óbvio, mas ainda assim é útil, para nossos fins, tentar articular o porquê de isso ser óbvio.

Nós, humanos, temos maior conhecimento do que os animais e conseguimos processar ideias mais complexas, além de lidar com conceitos abstratos que outras espécies não compreendem. Com algumas poucas exceções, somos os únicos a cultivar alimentos, brincar por diversão e criar arte. Outra diferença que demonstra nossa inteligência superior é o amplo uso de ferramentas; não somente aquelas para fins de eficiência, mas também para melhorar habilidades naturais e superar limitações, por exemplo: papel e caneta para auxiliar a memória; alavancas para acentuar a força; e armas para defesa contra predadores.

Mas, antes de nos empolgarmos com nossa clara superioridade, precisamos nos lembrar de que, para certas atividades, somos inferiores. Os pombos, por exemplo, encontram o caminho de volta para casa a centenas de quilômetros de distância, sem mapas, pontos de referência ou GPS; os golfinhos usam o sonar para nadar e caçar em águas escuras e turvas, sem luz ou aparelhos de visão noturna; as formigas constroem estruturas de cidades com ventilação, esgoto e redes de transporte, sem maquinário, projetos ou diplomas de engenharia.

E isso nos faz menos inteligentes do que pombos, golfinhos e formigas? É claro que não. Mas o fato de sermos mais inteligentes não garante que consigamos fazer tudo melhor. Acima de tudo, algo com inteligência inferior à nossa pode ser capaz de realizar algumas coisas, que consideramos difíceis ou até impossíveis – mesmo com ferramentas –, melhor do que nós.

Agora que temos uma perspectiva sobre a inteligência *real*, podemos analisar como ela é usada por aqueles que criam versões artificiais. Comecemos com uma pergunta: como julgar a presença e o grau de inteligência em algo?

Analisando o conceito de *inteligência*

Quando analisamos como uma pessoa comum julga a inteligência, listamos algumas características a serem consideradas, com base no senso comum. Esse conceito foi criado por pesquisadores, que incorporaram o trabalho de psicólogos, neurocientistas e outros especialistas em cérebro humano. Não existe uma lista universal e definitiva do significado de inteligência que seja consenso entre os cientistas, mas há algumas características comuns às principais teorias e aos quadros teóricos.

Vários pesquisadores as adotaram para o trabalho com IA, e o consenso entre esses especialistas (NILSSON, 1998; RUSSELL; NORVIG, 2014; LUGER, 2008; POOLE; MACKWORTH; GOEBEL, 1998) é de que a *inteligência*, seja artificial ou não, equivale à habilidade de demonstrar pelo menos uma das capacidades listadas no quadro 1.1 e várias delas em muitos casos.

Quadro 1.1 – NOVE CARACTERÍSTICAS DA INTELIGÊNCIA

Característica	Descrição
Raciocínio (capacidade de resolver problemas)	Entende conscientemente o contexto, aplica lógica e adapta as ações com base em informações novas ou existentes.
Percepção	Percebe, interpreta e extrai significado de informações sensoriais, apresentadas tanto diretamente quanto no meio ambiente.
Comunicação por linguagem natural	Comunica-se usando uma linguagem que evoluiu a partir do uso, ao contrário de uma língua artificial ou construída.
Mobilidade e manipulação	Habilidade de algo se mover ou de deslocar e controlar objetos.
Capacidade de aprendizado	Obtém conhecimento ou habilidade por meio do estudo ou da experiência, inclusive para melhorar o desempenho de uma atividade.
Representação do conhecimento	Representa informações a respeito de um item, de uma atividade ou do meio ambiente e atribui significado a eles.
Planejamento	Cria estratégias ou sequências de ações para atingir determinado objetivo.
Consciência e habilidades sociais	Entende as reações ou prováveis reações dos outros ao interagir com eles, e modifica seu comportamento conforme a necessidade.
Inteligência geral	Integração das capacidades de inteligência para resolver problemas novos, inesperados ou indefinidos.

Essa lista nos ajuda a entender a IA porque fornece características a serem procuradas em uma máquina, um programa de computador ou algum outro sistema criado artificialmente, que nos permitem avaliar se são inteligentes. Quanto mais presentes forem essas peculiaridades, mais inteligência existirá. Em contrapartida, e mais importante, sem nenhuma delas, não haverá inteligência, ainda que, inicialmente, assim possa ter parecido. O mesmo se aplica à inteligência natural. Por exemplo, se empregarmos essa lista aos exemplos anteriores com animais, como papagaios, chimpanzés, pombos, golfinhos e formigas, todos eles exibem várias dessas características, e assim podem ser classificados como inteligentes.

Hoje, tendo clareza quanto a um significado mais prático de inteligência e uma maneira de identificar sua presença, decidimos, de forma relativamente objetiva, se uma tecnologia pode ser considerada inteligente e, portanto, se é IA.

EXEMPLO: QUANTO DE SABEDORIA HÁ EM UM ALTO-FALANTE INTELIGENTE?

Agora que temos a primeira ferramenta em nosso arsenal para compreender a IA, podemos usá-la ao nos apresentarem algo que se venda como tal tecnologia, considerando quais das características da inteligência são demonstradas, e o quanto são essenciais para seu propósito.

Usemos como exemplo os alto-falantes inteligentes (do inglês *smart speakers*), como o Amazon Alexa, Google Assistente, Siri da Apple. Esses dispositivos que se tornaram comuns nos lares, basicamente, são computadores equipados com um software com reconhecimento de fala integrados em caixas de som, conectados à internet por wi-fi. Eles tocam música, controlam outros dispositivos também conectados ao wi-fi (como sistemas de aquecimento, luzes e alarme), e fornecem informações às quais têm acesso, como internet, calendários on-line ou dados dos dispositivos conectados.

Não há dúvida de que sejam inteligentes. Contudo não é necessariamente óbvio o fato de que os dispositivos de controle distribuídos pela casa não sejam a parte inteligente. O aspecto da automação residencial está simplesmente em acender as luzes, programar alarmes contra roubo, diminuir aquecedores e assim por diante. Esses são sinais eletrônicos simples enviados a dispositivos domésticos em resposta a uma instrução, e nenhuma das características de inteligência que listamos são necessárias ou aplicadas.

Seu principal elemento de IA é uma excepcional capacidade de linguagem natural, já que esses dispositivos estão na linha de frente da tecnologia comercial que ouve e entende a linguagem humana. Ainda não conseguimos manter conversas muito abrangentes com alto-falantes inteligentes, mas podemos falar com eles de uma forma similar à humana a respeito das coisas que eles conseguem fazer.

Em uma parte menos visível de seu funcionamento, esses alto-falantes também usam a IA que consta dos elementos aos quais eles se conectam. Por exemplo, se você pergunta qual a previsão do tempo para o dia seguinte, não são os alto-falantes inteligentes que usam IA para encontrar a resposta – ainda que eles pareçam saber como será o tempo no dia seguinte –, mas, sim, um aplicativo de meteorologia (localizado na internet), que utiliza uma IA sofisticada para analisar e prever o tempo e pode passar os resultados para os alto-falantes inteligentes.

Os dispositivos não *sabem*, portanto, o que estão lhe dizendo, mas somente que os dados correspondem a uma solicitação de informação. Eles encaminham pedidos que não entendem e não sabem como responder (suas instruções ou perguntas), e retornam qualquer resultado que lhes seja pedido. Previsões do tempo, músicas e até mesmo piadas são tratadas como dados a serem passados a quem pede. A inteligência deles está em traduzir o que o usuário diz em uma linguagem simples para instruções às quais outros computadores consigam responder.

Dispositivos de automação residencial como esses são, portanto, ótimos exemplos de IA, e demonstram muito bem a *comunicação por linguagem natural* como característica de inteligência. Mas, para além dessa função, eles são na verdade bastante *burros*. A Amazon, o Google e a Apple podem alegar que esses dispositivos fazem parte de um conjunto maior de dispositivos e aplicativos que trabalham juntos para fornecer muita inteligência, conhecida na indústria da tecnologia como um *ecossistema*. Nesse caso, o ecossistema de dispositivos e aplicativos que trabalham juntos para criar um ambiente inteligente é chamado de casa inteligente (do inglês *smart home*).

Esse é um argumento válido e importante, que se aplica à boa parte da IA presente ao nosso redor. Quando a usamos, grande parcela da inteligência é distribuída por um conjunto de dispositivos, serviços e aplicativos. Podemos não estar cientes disso, como ocorre com os alto-falantes inteligentes, pelo fato de só termos interação com um dos elementos desse ecossistema maior.

Ser inteligente *versus* ser bom em alguma coisa

O próximo passo para entender a inteligência e a IA é analisar a segunda ideia inicial: a relação entre inteligência e a capacidade de realização de uma atividade. Já demonstramos anteriormente que fazer algo bem não é indicativo de inteligência. Agora vamos explorar essa premissa mais a fundo, analisando o uso de diferentes tipos e graus de inteligência para se realizar a mesma atividade. Comecemos com o ato de movimentar-se em direção a um destino desejado. Um exemplo extremo é uma planta que *decide* se mover na direção do Sol pelo processo biológico do fototropismo, obviamente sem usar inteligência alguma.

Já um pombo decide em que direção se mover por meio de mecanismos que não compreendemos totalmente, mas que são obviamente inteligentes. O grau e o tipo de inteligência dependem de *como* o animal toma essa decisão, sobre a qual as três principais teorias envolvem detecção solar, magnetismo e infrassom. Cada uma delas engloba diferenças na forma como o cérebro de um pombo usa seu conhecimento de onde ele está e onde é sua casa para decidir a que direção voar. Tudo requer *percepção* e *mobilidade*, mas não está claro se há envolvimento de *planejamento* ou *raciocínio*, especialmente se for uma habilidade puramente *instintiva*.

O terceiro exemplo, no caso, um humano, consegue o mesmo resultado usando uma forma muito diferente de inteligência. O evento semelhante ao do pombo é de uma pessoa que decide ir a pé para casa a partir de algum lugar próximo, digamos, a casa de um vizinho. Para um trajeto tão familiar, a atividade é quase automática, e não requer muita inteligência. Mas para um trajeto que demanda transporte, ou um caminho desconhecido, outras caraterísticas da inteligência entram em ação. Seja leitura de mapa, programação de navegação por satélite ou planejamento de transporte público, todos requerem diferentes tipos e quantidades de inteligência, muito mais do que uma caminhada a partir do vizinho.

A mesma atividade genérica realizada por três espécies distintas exige, portanto, três formas muito diferentes de inteligência. No caso dos humanos, a mesma atividade pode usar distintos tipos de inteligência, dependendo da solução que se escolhe.

Em outras palavras, não conseguimos avaliar a inteligência utilizada para realizar uma atividade apenas observando o resultado. Precisamos saber mais a respeito de como a atividade é desempenhada, bem como realizar uma apreciação mais detalhada de como a atividade é dividida em diferentes tarefas, sendo que somente uma ou algumas podem de fato requerer inteligência.

Exemplo: O quanto há de inteligência em um simples chatbot?

Se você não tem familiaridade com chatbots, saiba que eles são as janelas de texto que se abrem em muitos dos sites mais modernos, convidando o usuário a fazer perguntas. Originalmente, eles eram uma forma de os clientes se comunicarem com a equipe de atendimento ao consumidor por meio de mensagens, em vez de ligações telefônicas. Hoje, raramente há uma pessoa do outro lado, mas, sim, somente um computador, que usa IA para responder a perguntas de clientes ao entender o que eles querem saber e apresenta respostas relevantes a respeito de produtos ou pedidos, por exemplo.

Chatbots básicos são elementos bem simples de tecnologia, criados em torno de um conjunto fixo de respostas (FAQs, do inglês *Frequently Asked Questions*, descrições de produtos, etc.). Para cada opção, existe uma série de palavras a se buscar nas perguntas. Por exemplo, se uma questão inclui *opções de pagamento*, o chatbot pode dar uma resposta pronta que lista diferentes formas de pagamento. Para grupos de respostas, o chatbot é configurado de forma a fazer outras perguntas para obter esclarecimento. Por exemplo, se uma indagação inclui *saia*, o chatbot pode ser programado para questionar: "Em que cor de saia você está interessado?" ou "Gostaria de olhar saias longas, curtas ou médias?". O chatbot também requer lógica para perguntas das quais não consegue dar conta. Por exemplo, se um produto não é vendido ou se um cliente questiona como está o tempo, ele precisa de respostas apropriadas, expressas como regras.

As *regras* que dizem ao chatbot qual informação fornecer ou quais perguntas fazer para obter esclarecimentos consistem em uma programação-padrão de computadores; não há inteligência envolvida, somente um conjunto de afirmações lógicas em um código computacional simples. A IA extrai informações relevantes das afirmações em linguagem natural digitadas pelo cliente e decide quais regras aplicar. Não é tão sofisticada quanto a inteligência usada por alto-falantes inteligentes, porque a atividade é muito mais limitada em seu escopo.

Um chatbot simples não é especialmente inteligente porque ele não precisa ser. Se for bem concebido, estará preparado para a maior parte das perguntas que provavelmente lhe serão feitas e raramente responderá que não entendeu. Somente quando as pessoas fazem perguntas sobre coisas que ele não foi programado para entender é que as limitações se tornam aparentes. Uma experiência comum dos chatbots é que qualquer coisa além de um conjunto estreito de perguntas gera uma resposta inútil, como: "Desculpe, não entendi".

Nos próximos capítulos discutiremos mais sobre chatbot. Agora é hora de voltar à nossa discussão sobre o significado de IA.

DIFERENTES TIPOS DE IA

Os exemplos que vimos até o momento são representativos de toda a IA atualmente: ela realiza um conjunto relativamente estreito de coisas de forma inteligente, mas não funciona bem (ou sequer funciona) para algo além da atividade que foi programada para executar. É isso que especialistas em IA querem dizer com inteligência *estreita* (GOERTZEL, 2014), ao contrário da inteligência humana, que é chamada de inteligência *geral*. Estas, às vezes, são denominadas *fraca* e *forte*. Agora examinaremos o que a IA estreita já é capaz de fazer.

O QUE A IA *ESTREITA* CONSEGUE FAZER REALISTICAMENTE HOJE

A quantidade de inteligência requerida para executar uma IA estreita varia de forma significativa, até dentro do mesmo tipo de atividade. Por exemplo, nos dois casos de comunicação por linguagem natural, os alto--falantes inteligentes usam muito mais inteligência do que o chatbot para comunicação. Em comparação, a IA geral pode ser aplicada a uma grande variedade de atividades. Veremos mais tarde que a inteligência humana é a referência que os pesquisadores aspiram alcançar com a IA geral.

Para entender o que está acontecendo em determinada aplicação de IA, precisamos dividir a atividade em componentes e identificar as partes inteligentes envolvidas. Essas partes são, de fato, os elementos constitutivos da inteligência, usados para criar sistemas e soluções mais complexos de IA. Hoje e no futuro próximo, até mesmo o sistema mais complexo de IA continuará sendo estreito. Não importa o nível de sofisticação da IA usada: qualquer exemplo que virmos hoje só será capaz de realizar uma atividade (que pode incluir um conjunto de atividades), e não será capaz de lidar com qualquer outra coisa para a qual não tenha sido programada.

O quadro 1.2 contém alguns elementos constitutivos comuns de IA usados hoje para criar aplicativos e sistemas de inteligência artificial estreita (ANI, do inglês *Artificial Narrow Intelligence*), que podem conter diversos componentes do tipo. Essa lista ilustra o tipo de atividades individuais que a IA pode realizar, e assim ajuda a descobrir, ou ao menos supor, como essa tecnologia está sendo usada.

Quadro 1.2 – ELEMENTOS CONSTITUTIVOS DE IA ESTREITA

Análise inteligente	Busca inteligente
	Previsão e predição
	Detecção de anomalias
Visão computacional	Reconhecimento e processamento de imagem
	Reconhecimento de texto e escrita à mão
	Processamento de vídeo
PLN	Geração automática de texto ou geração de linguagem natural
	Reconhecimento de linguagem natural
	Análise de sentimentos
Automação inteligente	Assistência virtual/RPA (do inglês *Robotic Process Automation* ou automação robótica de processos)
	IoT (do inglês *Internet of Things*, ou Internet das Coisas)
	Robótica
	Veículos autônomos

Agora que vimos o que é ANI, examinaremos a IA geral, que também nos dará uma ideia de como a IA pode ser comparada com a inteligência humana.

Inteligência geral: a nona característica

A inteligência geral é a nona característica de inteligência listada no quadro 1.1. Ela descreve o tipo de inteligência que se espera dos humanos, e consiste na capacidade de enfrentar uma nova situação e descobrir como lidar com ela. O principal, e ainda insuperável, desafio em criar uma inteligência artificial geral (AGI, do inglês *General Artificial Intelligence*) é a infinidade de variações nas circunstâncias que ela pode enfrentar. Quando os humanos lidam com ela, não é um exercício consciente, e os cientistas ainda não conseguiram entendê-la de fato.

No momento em que um estranho se aproxima e faz uma pergunta, por exemplo, tomamos uma decisão instantânea de responder, ignorar, segurar a bolsa com mais firmeza ou muitas outras possibilidades. Ainda não se sabe o que nosso cérebro faz durante o instante em que estamos tentando descobrir com o que estamos lidando e decidindo como reagir.

Como não entendemos, não conseguimos decompor a primeira parte de uma atividade de inteligência geral em um conjunto de tarefas menores. Portanto, diferentemente da ANI, ainda não é possível projetar uma maneira artificial de emulá-la. Defini-la também é difícil (KIM, 2017), e, sem definições, os cientistas sofrem para estruturar perguntas úteis e criar modelos que levem a soluções.

Alguns especialistas acreditam que nunca será possível entender, modelar e recriar uma inteligência geral em IA. Outros discordam, em virtude da seguinte questão: seria inerentemente possível entender e modelar o cérebro humano, e, portanto, a inteligência geral humana, bem o suficiente para recriá-lo artificialmente?

A AGI requereria um imenso avanço em nossa compreensão de como funciona o cérebro, e depois seria preciso criar uma versão artificial. Mas, se isso pudesse ser feito, um cérebro artificial deveria, ao menos teoricamente, exibir as mesmas características de um cérebro humano, incluindo-se a inteligência geral.

Existem muitas razões para considerar bastante improvável que isso aconteça, sendo algumas delas ligadas ao poder computacional e aos processos bioquímicos, por exemplo. Mas, se forem superadas, teoricamente a inteligência geral poderá ser viável. O argumento, portanto, seria o seguinte (BARON; STATE UNIVERSITY BALL, 2017): como a inteligência geral poderia teoricamente ser alcançada, em princípio ela é possível, independentemente de probabilidade ou prazo.

O contra-argumento baseia-se em observações abrangentes sobre a complexidade do cérebro humano, as tentativas de entendê-lo e modelá-lo, e as dificuldades encontradas até o momento. A outra parte do argumento é construída sobre a afirmação de que essas observações tornam claro que o desafio é absurdamente difícil e inatingível na prática (BRINGSJORD, 1997).

Ambos os pontos de vista são formulados com base em hipóteses e suposições, e a única real certeza que podemos ter a respeito da IA geral é o fato de ela ser incrivelmente difícil. Não vamos alcançá-la tão cedo; se é que isso vai acontecer.

Simulação *versus* replicação da inteligência humana

Existe uma variação fascinante desse argumento a partir de um ramo do trabalho com IA chamado filosofia da IA. O assunto continua sendo a possibilidade de uma inteligência geral algum dia ser alcançada pela IA, mas a diferença é que se passa a debater se a AGI é algo que simplesmente precisa ser demonstrado, ou se ela precisa ser alcançada da mesma forma que o cérebro humano o faz. Esse debate levanta a seguinte questão: existe algo inerentemente diferente a respeito do cérebro humano em comparação com um computador, alguma qualidade especial que possamos chamar de *consciência* ou *mente*?

O pesquisador John Searle elaborou duas hipóteses (SEARLE, 2010) para distinguir entre essas duas ideias. (Ele as chamou, talvez de forma meio confusa, de IA forte e IA fraca). Searle tornou-se uma figura controversa, mas suas afirmações resumem muito claramente a lógica subjacente:

Hipótese da IA, forma forte:
Um sistema de IA consegue pensar e ter uma mente.

Hipótese da IA, forma fraca:
Um sistema de IA só consegue agir como se pensasse e tivesse uma mente.

Aqueles que defendem a primeira afirmação argumentam que a IA geral exigirá que os computadores possuam uma mente ou uma consciência. Já os defensores da segunda acreditam que a IA geral será alcançada quando os computadores se comportarem como se tivessem inteligência geral, e é irrelevante o fato de isso ser feito exatamente da mesma forma que o cérebro humano.

A importância dessa distinção é sua relevância para as metas de longo prazo da pesquisa em IA. Ela determina se a IA trata de *simular* a inteligência humana ou de *replicá-la*. Na primeira hipótese, o importante é que a IA alcance resultados tão bons (ou melhores) do que um humano que faça o mesmo. Na segunda, precisamos fazer a IA funcionar da mesma forma que o cérebro humano.

Superando a inteligência humana

Até o momento, identificamos dois tipos de IA: *estreita* e *geral*. Cientistas de IA também incluem um terceiro tipo: a superinteligência artificial (ASI, do inglês *Artificial Superintelligence*). Essa seria uma IA que supera a inteligência humana, e se tornaria o objetivo do desenvolvimento da IA, uma vez que a AGI seja alcançada.

Embora a ASI esteja muito longe da realidade, talvez seja o primeiro tipo de IA que vem à cabeça do público geral, graças aos escritores e cineastas, que, livres das limitações da ciência atual, materializaram o conceito em muitos exemplos ficcionais. Os humanos em *Star Trek*, *Exterminador do futuro* e *2001: Uma odisseia no espaço* vivem e trabalham lado a lado com computadores e robôs muito mais inteligentes do que eles.

Não vamos explorar a ASI mais a fundo aqui, uma vez que é distante demais de nosso objetivo de entender a IA. Voltaremos aos conceitos absurdamente inatingíveis da ASI mais tarde. Por ora, fiquemos com a ideia só ligeiramente inatingível da AGI.

Como reconheceríamos a AGI?

Para especialistas de qualquer área, uma linguagem subjetiva e ambígua não ajuda, especialmente para termos-chave. Os cientistas vão além e gostam de ser capazes de medir coisas importantes. Para atestar progressos, eles precisam de resultados quantificáveis e reproduzíveis que possam ser validados por outros. Portanto, se um cientista de IA viesse a criar uma máquina que supostamente tivesse alcançado a inteligência geral, seria preciso fazer duas coisas: demonstrar claramente a causa da validade de sua alegação, com evidências inequívocas e verificáveis; e depois repetir o exercício (ou, idealmente, permitir que outros o façam) com o mesmo resultado, normalmente como um experimento ou uma demonstração.

Os pesquisadores em IA abordaram a AGI de uma forma que é amplamente aceita em outras disciplinas: estabelecendo *testes* teóricos antecipadamente, os quais criam um limite que um trabalho bem-sucedido precisaria superar. À medida que a área foi progredindo, diferentes aspectos da inteligência geral se tornaram importantes, e agora existem vários testes para AGI, todos à espera do dia no qual teremos algo em que aplicá-los.

A seguir, você encontrará quatro testes bem conhecidos de IA geral, que ilustram o contraste entre IA estreita e geral, e ajudam a entender o que se passa na mente das pessoas que estão moldando a IA com a qual iremos conviver.

O teste de Turing

Alan Turing (HODGES, 2014) foi um matemático e cientista da computação do século XX. Ele é visto por muitos como o pai da ciência da computação teórica, e, por alguns, como o pai da IA. Com a tecnologia da computação incipiente da época, ele conseguiu implementar um pouco de seu trabalho com IA. Isso limitou alguns aspectos, mas liberou outros de restrições práticas.

Ele contribuiu significativamente para a IA com um teste hipotético para descobrir se a inteligência de uma máquina estaria no mesmo nível que a inteligência de humanos. Apesar de específico, o teste de Turing costuma ser usado como um termo genérico para testes sobre essa proximidade entre a IA e inteligência humana.

O teste de Turing envolve uma pessoa que conversa com uma máquina inteligente por meio do teclado e da tela (de forma que a aparência e a voz não afetem o teste). Caso a pessoa não consiga dizer se está se comunicando com um humano ou um computador, a IA é considerada IA geral.

Seu teste específico é uma versão um tanto forçada, que foi apresentada ao público em um artigo (TURING, 1950), iniciado assim: "Proponho que se considere a pergunta 'As máquinas conseguem pensar?'". Nessa indagação havia problemas habituais de definições ambíguas (em especial o termo *pensar*). Então Turing passou a estruturar a discussão em torno de uma questão relacionada, mas diferente, que se prestava melhor à investigação científica. Ele fez isso inventando um jogo teórico chamado jogo da imitação e fez uma nova pergunta relacionada: "Será que existem computadores digitais imagináveis que se sairiam bem no jogo da imitação?".

No teste de Turing, o jogo da imitação envolve três participantes: um entrevistador e um adversário humanos e um computador, cada um em uma sala. O entrevistador faz perguntas a ambos, e as respostas são devolvidas por escrito. O objetivo do entrevistador é distinguir, de forma consistente, a pessoa do computador, de acordo com as respostas. O objetivo do computador é persuadir, de maneira irredutível, o entrevistador de que aquele é humano.

Talvez ironicamente, o teste de Turing tenha gerado debate por causa da incerteza em torno do que ele tentava alcançar em seu artigo. A ambiguidade estava no objetivo do teste: determinar o quanto um computador conseguiria enganar um entrevistador, levando-o acreditar que aquele seria humano, ou o quanto ele seria capaz de imitar um humano que tentasse fazer isso. Em outras palavras, teria Turing a intenção de testar a capacidade de um computador de *vencer o jogo* ou sua habilidade de *imitar um humano* que joga o jogo? A última opção tem aceitação geral, mas não existe um consenso universal quanto à resposta.

O teste do café

A primeira alternativa famosa ao teste de Turing foi o teste do café. Em 2007, a IA geral foi tema de uma entrevista com Steve Wozniak, cofundador da Apple, para a revista *PC World* (WOZNIAK; MOON, 2007). À maneira típica da Apple, Wozniak apresentou algo que antes era difícil de entender, pulando complexidades e removendo jargões.

Ele sugeriu que um exemplo real de IA geral deveria ser capaz de entrar em um típico lar americano e preparar uma xícara de café. Algo aparentemente simples para a maioria dos humanos, mas uma ação que requer níveis avançados de todas as nove características da inteligência.

Assim como o teste de Turing, o teste do café é criado em torno de uma única atividade, mas com as complexidades que o deixam difícil demais para uma inteligência estreita. Aqui, a única atividade é preparar uma bebida quente, em vez de participar de um jogo. O que a torna mais do que uma inteligência estreita não é preparar o café, mas resolver uma série de outras coisas pelo caminho; o simples ato de entrar em uma casa e ir até a cozinha não é algo fácil para a IA (supondo que pudesse se movimentar livremente). Uma vez ali, uma pessoa não teria problemas para encontrar o pó de café, as canecas, as colheres e assim por diante. Mas, para a IA, seria algo bastante complexo.

O teste do universitário-robô

Em 2012, o pesquisador de IA Ben Goertzel publicou um artigo na *New Scientist* (GOERTZEL, 2012) sobre pensamento consciente em máquinas. Ele propôs um novo tipo de teste de IA geral, pois acreditava que o teste de Turing focava demais em imitar uma conversa humana, e sentia que um teste melhor seria um robô consciente atingir uma meta substancial que os humanos conseguissem fazer rotineiramente.

Ele sugeriu o teste do universitário-robô: "Quando um robô conseguir se matricular em uma universidade humana e cumprir disciplinas da mesma forma que humanos, e obtiver seu diploma, então considerarei que criamos uma AGI de nível humano: um robô consciente".

Não há muito mais o que dizer, uma vez que é evidente a razão pela qual esse é um teste de IA geral muito mais difícil. Mas, assim como com o teste do café, talvez o ato de refletir sobre o que um humano faz para passar no mesmo teste e considerar como começaríamos a decompô-lo em etapas menores e automatizá-las reforce o porquê de a IA geral ser um desafio tão grande.

Talvez surpreenda o fato de não ter havido muita reação por parte da comunidade de pesquisadores, ficando muito longe da fama de um teste de Turing, o que é decepcionante, uma vez que se trata de uma ideia intrigante. Mas ele chegou a gerar algumas discussões humorísticas, como: será que uma IA como essa perceberia a inutilidade inerente de se obter um diploma e questionaria a autoridade dos humanos que a criaram?

O teste do emprego

Nosso exemplo final de um teste para IA geral foi proposto pelo professor de Stanford, Nils John Nilsson, na *AI magazine* (NILSSON, 2005). Não é um exercício de aprovação e reprovação, mas, sim, um espectro de capacidade; em vez de mostrar simplesmente quando a IA geral teria sido alcançada, aponta o progresso rumo a ela.

O teste de Nilsson é construído em torno de sua afirmação: "Máquinas que exibam uma verdadeira inteligência de nível humano deveriam ser capazes de fazer muitas das coisas que os humanos conseguem fazer. Entre essas atividades estão as tarefas ou 'empregos' que as pessoas exercem".

Seu teste avalia se a IA conseguiria cumprir trabalhos normalmente realizados por pessoas. São tarefas que, é claro, variam muito, e usar o teste na prática exigiria condições, ressalvas e esclarecimentos. Nilsson abordou essa questão escolhendo trabalhos específicos do America's Job Bank, o banco de empregos dos Estados Unidos, como as funções de doméstica, coordenador de eventos, guia de turismo e segurança.

Em seguida, Nilsson explica que "O progresso rumo a uma IA de nível humano poderia então ser medido pela fração desses empregos que possa ser realizada de forma aceitável por máquinas".

Como é pouco provável que se alcance a IA geral em um futuro próximo, não gastaremos mais tempo com ela. Mas, talvez, sondarmos como seria o reconhecimento de uma IA geral torne mais claro o complexo significado do termo IA, especialmente se for descrita como *estreita*, *geral* ou *super*.

UM GLOSSÁRIO NÃO TÉCNICO PARA A IA E O AM

Entender a IA e o AM requer familiaridade com novos termos, e esta seção explica o significado daqueles mais importantes. É claro que muitos deles soam técnicos, mas outros termos foram adicionados considerando a linguagem corrente.

Quadro 1.3 – OS FUNDAMENTOS DA IA E DO AM

IA	Sistema de base computacional que simula características do cérebro humano para realizar atividades que normalmente só poderiam ser efetuadas por humanos.
AM (ou *machine learning*)	Ramo da IA que tem a capacidade de obter novos conhecimentos com a experiência e realizar atividades não definidas explicitamente em sua concepção ou instruções programadas.
IA explicável (XAI)	IA que mostra como um resultado foi calculado, de forma que a base para ele possa ser examinada e explicada. Um AM normal não faz isso automaticamente.
Megadados (ou *big data*)	Análise, processamento e uso de dados que são grandes demais para ferramentas tradicionais de análise de dados, como planilhas e ferramentas comuns de gerenciamento de dados.
Aprendizado profundo (ou *deep learning*)	Um tipo de AM que usa diversas etapas, ou camadas, para calcular um resultado.
Rede neural (artificial)	Conjunto de camadas de aprendizagem profunda que executam todas as etapas requeridas para um cálculo inteiro de AM. Cada camada contém várias partes que se podem conectar com outras, daí o nome rede. Chama-se neural por imitar superficialmente o funcionamento do cérebro humano, usando versões artificiais de uma entidade biológica chamada neurônio.
Aprendizado supervisionado	Um tipo de AM treinado a partir do uso de dados que contêm exemplos rotulados dos resultados desejados que ele deve gerar, de forma que possa melhorar a maneira como trabalha até que consiga obter os mesmos resultados por si.
Aprendizado não supervisionado	Um tipo de AM treinado a partir do uso de dados que não identificam os resultados desejados em um conjunto de dados, ou porque os resultados desejados não são conhecidos, ou porque não há dados adequadamente rotulados disponíveis.

(cont.)

Aprendizado por reforço/aprendizado semissupervisionado	Um tipo de AM que resolve um conjunto de problemas individuais de forma que eles atinjam coletivamente um objetivo – por exemplo, traçar estratégias individuais em um jogo de tabuleiro que levem a vencer a partida no final.
Aprendizado por transferência	Um tipo de AM que aplica a um problema o aprendizado obtido com a resolução de outro problema.
Acurácia/sensibilidade/ precisão/revocação/*F-Score*	Diferentes termos para indicar a exatidão com que a IA obtém resultados; é semelhante à probabilidade de uma resposta certa. Por exemplo, a probabilidade de um paciente ter câncer com base no resultado de um teste. Cada termo representa um tipo de precisão apropriado para diferentes circunstâncias. Por exemplo, buscar todos os resultados que possam ser positivos *versus* só querer aqueles que sejam definitivamente positivos. Relacionado com termos como falso positivo e falso negativo.
Algoritmo	Cálculos matemáticos realizados sobre dados para gerar um resultado a partir de IA.
Vetor/matriz/álgebra linear	Vetores e matrizes são tabelas de dados, e álgebra linear é a matemática utilizada para realizar cálculos sobre elas. Eles permitem que grandes conjuntos de números sejam processados de forma rápida e eficiente, e são usados na IA para processar cálculos de grandes volumes de dados.

Quadro 1.4 – ALGORITMOS E MODELOS

Redução de dimensionalidade/ classificação	Técnica estatística para encontrar a estrutura em conjuntos de dados pela busca de grupos, categorias e relações. Usada para simplificar e organizar grandes quantidades de dados antes de realizar análises mais profundas.
Agrupamento *K-means*/ *K-nearest neighbours* (KNN) ou K-vizinhos mais próximos	Duas técnicas comuns para encontrar grupos de dados similares em um conjunto. O agrupamento é usado em aprendizado não supervisionado para encontrar grupos que ocorram naturalmente. A técnica K-vizinhos mais próximos é usada em aprendizado supervisionado para quantificar a probabilidade de que novas unidades de observação estejam corretas.
Aumento de gradiente/ gradiente descendente/ gradiente descendente estocástico	Conjunto de técnicas para melhorar modelos de AM, ao combinar vários deles para minimizar os erros de cada um. *Gradiente descendente* é o uso de uma *função de perda* para reduzir erros; *estocástico* significa que a aleatoriedade é usada para melhorar a acurácia; o *aumento* combina modelos para melhorar resultados.

(cont.)

Regressão/regressão linear/ regressão logística	Regressão é uma técnica estatística comumente usada em IA para prever um valor a partir de diversos fatores. Existem muitas formas, sendo que as duas mais comuns são logísticas (dois resultados possíveis) e lineares (muitos resultados).
Máquina de vetores de suporte	Um algoritmo de AM amplamente usado em aprendizado supervisionado para tarefas de classificação e regressão. Similar a técnicas de agrupamento como *K-means*.
Árvore de decisão/ floresta aleatória	Outro algoritmo de aprendizado supervisionado para classificação e regressão. Cria *regras* durante o treinamento para originar uma versão matemática de um fluxograma. Floresta aleatória é a combinação de diversas árvores de decisão para criar um algoritmo mais complexo com melhor desempenho.
Retropropagação ou *Backpropagation*	É a propagação para *trás* de informação por meio de camadas em uma rede neural de AM, para permitir que a retroalimentação de eventos que aconteceram previamente seja usada para cálculos futuros.
Redes de crenças profundas/ *autoencoder* profundo	Uma rede de crenças profundas é um tipo de algoritmo de AM que consiste em diversas camadas, muitas vezes usadas em sistemas de visão computacional. Um *autoencoder* profundo é similar, e engloba duas redes de crenças profundas.
Classificador Naïve Bayes/ redes bayesianas	Reverendo Thomas Bayes foi um estatístico do século XVIII que desenvolveu um teorema para modelar a forma como os humanos usam a evidência para converter crenças em predições. Os classificadores Naïve Bayes são algoritmos de AM que usam seu teorema para classificar dados. As redes bayesianas adotam-no para modelar a relação entre causa e efeito nos dados.
Rede neural direta ou *feedforward network* (FFN)/ Perceptron multicamadas	FFNs são redes neurais de aprendizado profundo que passam adiante os resultados durante os cálculos. O perceptron multicamadas é uma das mais antigas FFNs, mas ainda é bastante usado.
Mecanismo de atenção/ rede neural convolucional (CNN)/rede neural recorrente (RNN)/memória de curto e longo prazo (LSTM)	Muitas redes neurais requerem uma retroalimentação entre camadas, uma vez que cálculos em uma camada dependem de resultados anteriores. Mecanismos de atenção são formas de armazenar informações durante cálculos para reúso por outras camadas. CNN, RNN e LSTM são redes neurais que fazem isso.
Redes adversárias generativas (GAN)	São mais conhecidas pelo seu uso na criação de *deepfakes*. São algoritmos de AM que consistem de duas redes neurais que trabalham uma contra a outra para produzir um resultado. Uma cria novos dados com base em um padrão existente (por exemplo, uma foto), enquanto a outra testa sua autenticidade e a rejeita se não for boa o suficiente.

2 Uma longa e conturbada história

> **"O ERRO DA JUVENTUDE É ACREDITAR QUE A INTELIGÊNCIA É UM SUBSTITUTO PARA A EXPERIÊNCIA, AO PASSO QUE O ERRO DA IDADE É ACREDITAR QUE A EXPERIÊNCIA É UM SUBSTITUTO PARA A INTELIGÊNCIA."**
>
> LYMAN BRYSON, educador e autor americano

Para entender a IA atualmente, não é preciso saber sua história, mas esse é um conhecimento útil e interessante de se ter. Uma apreciação de suas origens ajuda a entender parte dos conceitos que são a base da IA moderna, muitos deles de séculos atrás. Atualmente a IA é um assunto técnico, mas suas raízes estão na metafísica, e boa parte de sua história foi escrita por filósofos, fabulistas e até mesmo líderes religiosos. Mais recentemente, passou a ser domínio de físicos, psicólogos e escritores de ficção científica, só vindo a se tornar uma ciência no final do século XX.

Sua história começou com as primeiras civilizações, que discutiram grandes questões a respeito de quem nós somos, de onde viemos e por que existimos. A religião e o folclore sugeriram algumas respostas, mas ao fazê-lo também levantaram outras perguntas. Muitas permanecem sem resposta e continuam a nos desafiar. Olhemos agora para essa gênese que envolve a concepção, o nascimento e a criação da IA e do AM. Assim como todas as boas histórias, comecemos do começo.

UM DESEJO DOS PRIMEIROS HUMANOS

As civilizações antigas

As principais civilizações antigas incluíam alguma versão do conceito de IA em suas mitologias, religiões ou filosofias. Não raro, suas raízes se encontravam em tentativas de explicar como a raça humana passou a existir, o que invariavelmente significava a existência de uma forma superior de inteligência. Uma vez aceito o princípio de uma inteligência maior do que a dos humanos, também se considera que a inteligência não se restringe a eles. E se a inteligência humana foi criada por um ser superior, uma dúvida natural seria se os humanos poderiam, por sua vez, também criar seres inteligentes.

Acredita-se que os gregos antigos tenham sido os primeiros a tentar criar seres inteligentes – as estátuas sagradas teriam mentes, emoções e sabedoria. Contudo os gregos normalmente atribuíam a criação de robôs aos deuses. Os primeiros a serem registrados eram feitos de ouro e foram criação de Hefesto, o deus da metalurgia. Ele criou um robô-mulher chamado Pandora, mais conhecida por abrir a caixa que libertou os males do mundo.

A mitologia grega é repleta de outras referências ao que hoje chamaríamos de robôs. Em algumas traduções da *Ilíada,* Homero faz menção a servos-robô. Dédalo, cujo filho Ícaro morreu ao voar perto demais do Sol, também teria feito robôs que se falavam e se moviam.

Os gregos também reconheciam a ameaça dos robôs e seu potencial como armas. O mais famoso deles aparece na saga de Jasão e os Argonautas, como Talos, o guerreiro de bronze que protege a ilha de Creta. Talos, aliás, foi outra criação de Hefesto (MAYOR, 2018).

Outros robôs aparecem em textos indianos, egípcios, chineses e japoneses. Há obras em sânscrito, por exemplo, que descrevem como, após a morte de Buda, suas preciosas relíquias foram protegidas pelo rei Ajatashatru (STRONG; TEISER, 2004), perto da Patna dos dias modernos. Em vez de usar as tradicionais estátuas de guerreiros para protegê-las, ele teria usado *máquinas de movimento espiritual.*

Da Idade Média à Era Vitoriana

As histórias mencionadas atravessaram séculos e diversas culturas. Um dos temais centrais seria um ingrediente mágico que imbuía vida em matérias inanimadas. Entre os primeiros escritores que trataram desse tema estava Jābir ibn Hayyān (MARSHALL, 2014), também conhecido como pai da química. Ele escreveu sobre alquimia (transmutação da matéria), incluindo *takwin*, a criação artificial da vida.

Eram comuns as abordagens menos científicas de estátuas que ganhavam vida. Um exemplo famoso foi o uso de palavras em hebraico para dar vida a uma estátua de barro conhecida como Golem, que apareceram pela primeira vez (THORSTENSEN, 2017) na Bíblia e no Talmude, e, depois, durante a Idade Média, em trabalhos de estudiosos religiosos.

Na Era Vitoriana, esse já havia se tornado tema de ficção, sendo o *Frankenstein,* de Mary Shelley, a obra mais famosa (SHELLEY, 2003). Houve outras que criaram temor entre os leitores. Uma pessoa que escreveu sobre suas inquietações foi Samuel Butler (BUTLER, 1863). Ele questionou em 1863 se a ideia de evolução de Charles Darwin poderia se aplicar às máquinas. Ele temia que sim, e previu a substituição dos humanos pelas máquinas como espécie dominante na Terra.

E fechamos com a peça *R.U.R.*, do tcheco Karel Čapek, produzida em 1921 (ROBERTS, 2005), que se passa em uma fábrica de pessoas artificiais, ou *raboti*, palavra eslava que pode significar escravo, trabalhador ou labuta. O título era uma sigla para *Rossumovi Univerzální Roboti*, traduzido para o inglês como subtítulo, *Rossum's Universal Robots*, que por sua vez é a origem da palavra robô.

CONCEBIDO POR FILÓSOFOS, MATERIALIZADO POR MATEMÁTICOS, CIENTISTAS E ENGENHEIROS

O PENSAMENTO HUMANO MECANIZADO: ORIGINALMENTE UMA QUESTÃO PARA FILÓSOFOS, E NÃO ENGENHEIROS

Como vimos, desde o início dos tempos, os humanos eram fascinados pela possibilidade de criar a vida artificial descrita em seus mitos. Originalmente esse era um tema de domínio dos filósofos, que tinham como ponto de partida a tentativa de representar o pensamento – um problema teórico e conceitual. Hoje conseguimos ver que eles davam os primeiros passos na direção de solucionar um problema de engenharia: como mecanizar a atividade do pensamento? Esses passos foram dados inicialmente pelos grandes pensadores das sociedades grega, chinesa e indiana, que desenvolveram abordagens estruturadas para a execução, e, consequentemente, a representação da lógica, da dedução e do raciocínio.

Houve muitos nomes conhecidos envolvidos, e alguns dos precursores, como Aristóteles e Euclides, foram fundamentais por perceberem que a matemática era um elemento crucial. Um nome igualmente importante, mas menos conhecido, era o de Al-Khwārizmī (BERGGREN, 1986). Sua principal realização foi o desenvolvimento da álgebra, mas seu nome consagrou-se por dar origem à palavra "algoritmo".

A transição entre representar o pensamento e criar uma máquina pensante aconteceu na Idade Média. Uma menção inicial foi feita pelo filósofo espanhol Ramon Llull (PRIANI, 2017), que idealizou máquinas que pudessem produzir conhecimento por meios lógicos. Ele as descrevia como entidades mecânicas, capazes de executar tarefas lógicas simples, mecanicamente. Essas operações seriam executadas em *verdades básicas e inegáveis*, o que poderíamos descrever hoje como dados. Ele não sabia na época, mas estava descrevendo o que viria a se tornar o computador moderno.

Eram grandes as suas esperanças e previsões para o que as máquinas poderiam realizar. Ele alegava que uma abordagem como essa poderia ser usada para produzir todo o conhecimento possível no mundo. Essa talvez seja uma boa hora para lembrarmos a missão do Google (2020): "organizar as informações do mundo todo e torná-las universalmente acessíveis e úteis".

Os filósofos reconhecem a matemática como a linguagem do pensamento

O trabalho de Llull foi influente, particularmente para Gottfried Leibniz, que especulava que um cálculo mecânico como esse poderia ser usado para algo mais do que simplesmente criar conhecimento (DAVIS, 2000), como replicar o raciocínio também. Ele trabalhou nisso paralelamente a Thomas Hobbes e René Descartes, que vinham sondando se todo pensamento racional poderia ser representado de forma sistemática. Se isso fosse possível, mecanizá-lo seria o caminho natural.

Uma de suas ideias era a de que a álgebra e a geometria seriam ferramentas para tal tarefa, e ficou provado que eles estavam certos. Em 1651, Hobbes destilou esse conceito em dez palavras no *Leviatã* (HOBBES, 2011): "a razão... nada mais é do que cálculo (ou seja, Soma e Subtração)".

Eles idealizaram uma única linguagem que pudesse representar o raciocínio e a lógica de forma tão inequívoca quanto os cálculos. Para eles, isso transformaria as disputas e os debates filosóficos em determinações objetivas. Leibniz descreveu a ambição deles em termos concretos (LEIBNIZ, 1896):

> Não haveria necessidade de disputa entre dois filósofos mais do que entre dois contadores. Pois bastaria que eles empunhassem seus lápis, se debruçassem sobre suas lousas e dissessem um para o outro...: "Vamos calcular".

Os matemáticos descrevem a IA usando a matemática (teoricamente)

Entre a Idade Média e o início do século XX, os filósofos e alquimistas passaram o bastão para os matemáticos e cientistas. Eles ainda buscavam o objetivo de mecanizar o pensamento humano, mas o problema havia se fragmentado e se expandido.

As questões não eram simples, e se passariam ainda três séculos até que as teorias fossem materializadas. O primeiro grande marco foi *Uma investigação das leis do pensamento,* de George Boole, em 1854 (BOOLE, 2010). Nele, foram abordados dois tópicos matemáticos que são centrais para a IA hoje: a lógica e a probabilidade. O que torna este livro especialmente interessante para a IA é o fato de que nele se tentava apresentar uma prova matemática para "um ser autoexistente inteligente".

Outra importante contribuição foi a de Gottlob Frege, que, meio século mais tarde, escreveria um livro chamado *Begriffsschrift, eine der arithmetischen nachgebildete formelsprache des reinen denkens* (FREGE, 2012). Essa foi a mais completa tentativa de seu tempo de criar uma linguagem completa baseada na matemática para realizar a ambição de Leibniz de representar toda a lógica e a razão. Russell e Whitehead fizeram progressos substanciais quanto a isso em seu trabalho de três volumes *Principia mathematica* (WHITEHEAD; RUSSELL, 1910). Eles simplificaram e deram mais precisão à produção anterior de outros, e abordaram muitos dos paradoxos e das críticas que ainda não haviam sido resolvidos.

Por fim, abordaremos as contribuições de David Hilbert e Kurt Gödel nos anos 1920 e 1930. Hilbert era conhecido por seu trabalho em formalismo, um ramo da filosofia da matemática que reforçou o tratamento da matemática como linguagem. Ele defendia a importância da interpretação e da semântica, estendendo-a a sistemas mais amplos, nos quais tudo poderia ser descrito (EWALD; SIEG, 2013). Mencionamos esse estudo junto ao de Gödel por causa do Teorema da Incompletude (GÖDEL, 1992), que levou a muitas realizações, mas, infelizmente para Hilbert, também mostrou limitações em seu trabalho inicial, em especial o uso da matemática como linguagem.

Juntos, esses textos influenciaram obras posteriores sobre IA. Eles estabeleceram limites sobre como a matemática poderia ser usada, ou seja, como uma linguagem para representar sistemas de pensamento e raciocínio, e depois mostraram como, dentro desses limites, ela poderia ser usada para criar um pensamento mecanizado.

Cientistas da computação constroem as primeiras máquinas pensantes imaginadas pelos filósofos

Chegamos agora à Segunda Guerra Mundial, que trouxe duas contribuições para a IA: primeiro, impulsionou as pesquisas científicas de uma forma nunca antes vista, já que inúmeros avanços e conquistas ocorreram entre os anos 1930 e 1950 – boa parte com o financiamento de governos; o segundo aspecto principal foi a ascensão dos Estados Unidos como potência mundial, especialmente na tecnologia e na ciência. O Departamento de Defesa dos EUA começou a exercer influência sobre o financiamento e a priorização da pesquisa nos EUA, particularmente por meio da Darpa.

Os cientistas britânicos, franceses e alemães da época também continuaram fazendo grandes progressos no desenvolvimento de computadores como máquinas capazes de pensar. Existem muitas histórias na computação que descrevem as atividades frenéticas do período (RAHMAN; KURIEN, 2007), desde os criptógrafos de Bletchley Park no Reino Unido até os criadores do computador Eniac nos Estados Unidos, os quais foram construídos sobre o trabalho de muitos outros, incluindo Charles Babbage, Ada Lovelace e Herman Hollerith.

O resultado foi um novo tipo de máquina: o computador, uma versão de algo que os filósofos da Antiguidade haviam imaginado. Os cientistas finalmente tinham os primeiros vislumbres daquilo que um dia viriam a se tornar máquinas pensantes.

Instigados, alguns cientistas começaram a trabalhar em um campo que hoje conhecemos como IA. Eles representavam disciplinas e perspectivas diversas, e uma comunidade livre com indivíduos de mentes afins se formou. O nascimento oficial da IA foi a primeira reunião formal desse grupo.

O nascimento da IA é registrado em junho de 1956

Em meados dos anos 1950, um professor de matemática chamado John McCarthy (2020), da Dartmouth College, em New Hampshire, passou a se interessar pelo campo emergente, mas ainda sem nome, da IA, tendo encontrado mentes afins em todos os Estados Unidos e Reino Unido, em lugares como MIT, Bell Labs e IBM. Em 1955, obteve financiamento para uma oficina durante o verão (MCCARTHY *et al.*, 2006) para estudar um conjunto de problemas na área de máquinas pensantes.

Ele desenvolveu conceitos junto a Marvin Minsky, Nathaniel Rochester e Claude Shannon. Cabe a eles o crédito pela introdução do termo IA para descrever um campo de estudos que basicamente sequer existia. O grupo reuniu-se em Dartmouth por cerca de dois meses no verão de 1956, e seu objetivo era ambicioso:

> O estudo deve avançar com base na conjectura de que todo aspecto do aprendizado ou qualquer outra característica da inteligência pode, em princípio, ser descrita com tanta precisão que podemos fazer uma máquina simulá-la. Será feita uma tentativa para descobrir como fazer máquinas usarem a linguagem, formar abstrações e conceitos, resolver tipos de problemas que hoje são reservados para humanos, e se aperfeiçoarem.

Uma das conquistas do que ficou conhecida como a Conferência de Dartmouth foi o consenso quanto ao termo "inteligência artificial" como o nome dessa nova disciplina. Durante o verão, a conferência definiu as metas iniciais e de longo prazo do campo, obteve seus primeiros sucessos e estabeleceu seus fundadores. Eles reconheceram que, se uma ambição mais a longo prazo fosse criar cérebros artificiais, seria necessária uma ampla variedade de especialistas, e assim incluíram psicólogos, economistas, cientistas políticos e engenheiros como parceiros de trabalho.

A Conferência de Dartmouth marcou o início de um período empolgante, produtivo e otimista nos primórdios da IA, em que se obteve progresso em todas as áreas possíveis, e eram grandes as esperanças de que haveria resultados. De muitas maneiras, o mundo da IA durante o final dos anos 1950 e 1960 refletiu mudanças mais gerais na sociedade, e, certamente, nos Estados Unidos e na Europa.

E assim como no resto do mundo ao seu redor, a efervescência dos anos 1960 foi seguida pelos anos 1970, quando as coisas começaram a parecer muito diferentes, e tempos mais sombrios se prenunciaram.

MANTIDA VIVA POR HOLLYWOOD DURANTE O INVERNO DA IA

Depois do otimismo com os progressos da IA no pós-guerra, os anos 1970 foram um período de relativa frustração e decepção. Olhando hoje, talvez uma decepção de curto prazo fosse inevitável após ambições literalmente sobre-humanas.

Talvez fosse também um sinal da mudança dos tempos. Houve progresso em muitas frentes, incluindo a tecnologia, sem a sombra de um conflito armado global. Mas as memórias foram se apagando, e uma nova forma de conflito global teve início: a Guerra Fria. O desenrolar desse processo se deu tanto por cientistas quanto por soldados, com pesquisas nucleares e viagens espaciais entre os campos de batalha.

Os políticos passaram a se interessar claramente pela tecnologia, criando pressão por resultados que se traduziriam em vantagens geopolíticas ou eleitorais. Havia também um sentimento de impaciência, após anos de expectativas altas e irreais, só equiparadas às verbas que as acompanhavam.

As perguntas vindas de governos e agências de financiamento a respeito da IA tornaram-se mais difíceis, e os financiamentos começaram a rarear. Ainda houve avanços durante o período de pousio que veio na sequência, e os trabalhos continuaram na IA que usamos hoje, inclusive o reconhecimento de fala, os carros autônomos e a visão computacional. Mas, apesar de algumas sementes importantes terem sido plantadas durante as duas décadas seguintes, esses anos ficaram conhecidos como o *inverno da IA* (CREVIER, 1993).

O inverno da IA: uma poda saudável?

Rotulado como um único período, o inverno da IA na verdade foram dois: de 1973 a 1980 e de 1987 a 1993. Muitos esforços foram desperdiçados, incluindo a interrupção de projetos anteriores antes de serem concluídos. Alguns novos projetos foram abortados, diante de condições irreais; outros tiveram a permissão de prosseguir, mas sem nenhuma chance realista de sucesso.

Mas, na natureza, os invernos são tempos difíceis que precedem períodos de crescimento, e condições climáticas árduas são um ambiente para eliminar o que não é mais necessário. Muitas atividades foram interrompidas durante o inverno da IA, mas as mais fortes reiniciaram juntamente a novas iniciativas.

O público familiariza-se com a IA: nas telas da TV e do cinema

Enquanto pesquisadores em IA lutavam para conseguir financiamentos, Hollywood mantinha viva a fascinação por ela com histórias de máquinas que desafiavam a supremacia humana. A corrida espacial também mantinha acesas as imaginações, e boa parte da IA ficcional existia no espaço. Então, apesar de o trabalho com IA não estar progredindo tanto quanto o esperado, ela se tornou mais familiar para o público geral.

Diretores e roteiristas pareciam divididos entre finais catastróficos e felizes, ao criarem um misto de máquinas predatórias e ajudantes eletrônicos obedientes. Isso teve um efeito sobre as atitudes e as expectativas gerais em relação à IA; o conceito tornou-se conhecido, e termos como *robô* entraram para o vocabulário popular. Depois de assistirem a tantos computadores inteligentes e robôs humanoides na ficção científica, as pessoas também sentiram que conseguiam entender como seria a IA quando ela se tornasse realidade. Contudo, como o resto do cenário em geral ainda era muito futurista, elas automaticamente presumiam que a IA só chegaria em um futuro muito distante.

SAINDO DE CASA PARA GANHAR A VIDA

Quando chegou o fim do inverno da IA, o mundo já havia mudado muito, e não só em termos de tecnologia. Nos anos 1990, a queda do comunismo veio acompanhada de uma aceitação quase universal do livre mercado e da globalização. Junto a isso, veio a ascensão do financiamento privado e institucional como motor de desenvolvimento e da inovação da tecnologia.

A mudança teve diversas implicações para pesquisadores de todos os campos, sendo que a mais significativa foi o maior foco no retorno financeiro de investimentos em tecnologia. Eras anteriores haviam sido muito influenciadas por dinheiro governamental e, portanto, por metas nacionais e de longo prazo. Em comparação, o financiamento comercial vinha de instituições com obrigações para acionistas. Seus prazos eram muito mais curtos e, em geral, precisavam demonstrar realizações anuais. Até mesmo investidores de longo prazo, como a estirpe emergente dos capitalistas de risco, comprometiam-se com prazos de cinco a sete anos.

O impacto disso sobre o trabalho com IA foi profundo, com efeitos tanto negativos quanto positivos. Houve muita pressão não somente por resultados, mas por resultados que revertessem em faturamento, que geralmente tinha de chegar em um horizonte de cinco anos, mais ou menos. Poucas organizações tinham a musculatura financeira para investir em tecnologias que precisassem de uma gestação mais longa.

O lado bom foi que os pesquisadores tiveram de focar na viabilidade prática e comercial de seu trabalho, e a tecnologia de IA foi feita para se pagar. A consequência mais desafiadora foi uma maior dificuldade para se obter financiamento para alguns dos problemas mais importantes da IA, especialmente aqueles que demorariam muito mais para trazer um retorno financeiro. Isso significava que havia somente um pequeno conjunto de empresas e instituições com disposição para pesquisas especulativas ou de longo prazo. Muitas são conhecidas hoje e têm uma vantagem em suas capacidades de IA que poucos concorrentes podem esperar superar. Os exemplos mais famosos são Google, Facebook, Amazon e Microsoft; outras empresas se juntaram a elas mais recentemente, como Baidu e Alibaba. E, é claro, muitas instituições científicas acadêmicas importantes são líderes em IA, como o MIT e a Universidade de Cambridge.

Essa polarização começou a se nivelar com a evolução do mercado de financiamento. As mesmas forças de mercado que moldaram o trabalho a ser financiado também influenciaram os investimentos disponíveis. À medida que as pesquisas de prazo mais longo levavam a retornos comerciais de prazo mais longo, o financiamento para esse tipo de trabalho também aumentava. Hoje, a pesquisa acadêmica e teórica em IA voltou a se fortalecer, e está recebendo mais financiamento do que em qualquer outro momento da história, tanto para metas de curto quanto de longo prazo.

O resultado de todas essas mudanças para a IA hoje é que a forma como a tecnologia se paga é tão importante quanto a forma como ela funciona.

E com isso encerramos nossa narrativa da história da IA até o momento. Fosse esta uma biografia comum, aqui seria o ponto correspondente a quando o personagem acaba de ingressar em sua trajetória profissional, com todo um potencial de vida à sua frente. No caminho, ele terá de enfrentar decisões e encruzilhadas, e cada uma delas moldará seus trajetos decisivos e seu destino. O restante deste livro se destina a nos ajudar a entender melhor a IA e quais podem ser algumas dessas decisões e encruzilhadas.

3 Como funcionam a IA e o AM

"QUALQUER TECNOLOGIA SUFICIENTEMENTE AVANÇADA É INDISCERNÍVEL DA MAGIA."

ARTHUR C. CLARKE, escritor de ficção científica e ciências

A ideia de se entender como uma máquina pensa e aprende parece aterrorizante. Se o objetivo for criar sistemas de IA e AM, existe toda uma ciência complexa a se dominar primeiro.

Este capítulo descreve os princípios, as técnicas e as tecnologias mais importantes envolvidos na criação de máquinas pensantes, baseando-se em algumas das ideias descritas nos dois primeiros capítulos, além de acrescentar mais algumas. Com esse conteúdo, você ainda não será capaz de criar IA, mas provavelmente não lhe parecerá mais tão misteriosa a forma como ela obtém seus resultados.

Assim como na discussão prévia sobre inteligência, algumas das ideias são um pouco abstratas e, isoladamente, podem não parecer especialmente úteis, mas os exemplos ajudam, ao pôr conceitos em prática. Será preciso também um pouco de paciência, porque uma compreensão holística da IA requer primeiramente uma assimilação de vários componentes separados e elementos constitutivos.

Para tanto, talvez o leitor tenha de voltar às páginas anteriores. É possível também que algo tratado anteriormente passe a assumir um significado diferente quando visto ao lado de uma ideia nova. Esse é o motivo pelo qual alguns pontos são deliberadamente repetidos, como um lembrete ou um detalhamento.

SEIS CONCEITOS-CHAVE POR TRÁS DA IA E DO AM

Ao ler um livro didático ou uma ementa de qualquer bom curso em AM, ou até mesmo para entender seus tópicos, é necessário ter um conhecimento técnico prévio, inclusive em matemática, estatística e ciência da computação. Como este capítulo cobre muitos desses tópicos, mas sem apresentar esses fundamentos, precisamos de um conjunto equivalente de conceitos-chave para o leigo.

Assim, propomos que você tenha como base seis princípios não técnicos para compreender melhor a IA e o AM. Não são alternativas à matemática ou à ciência da computação, mas trazem, sim, uma perspectiva diferente quanto ao funcionamento da IA e do AM, a fim de desmistificá-los.

Esses conceitos não são algo que você encontrará em outro lugar, e não fazem parte do ensino ou da prática tradicionais de IA. São o resultado de minha própria pesquisa sobre o tema e formam um modelo particular que eu uso em meu trabalho com IA.

CONCEITO 1: A IA PRECISA DE PROBLEMAS BEM DEFINIDOS, COM DELIMITAÇÕES ESPECÍFICAS

Vimos anteriormente que a IA hoje é estreita, ou seja, é a aplicação do pensamento de máquina na execução de uma atividade inteligente única e definida. Essa atividade pode ser muito complexa, e sua execução requerer o trabalho conjunto de diversos outros elementos de IA, mas, ainda assim, é uma única atividade.

Um exemplo simples seria o reconhecimento ótico de caracteres (OCR, do inglês *Optical Character Recognition*), uma ramificação de um tipo de IA chamado visão computacional. O texto impresso é fotografado digitalmente, e um computador com IA habilitada inspeciona a imagem para identificar caracteres e convertê-los em texto digital. A inteligência está na percepção e no reconhecimento das marcas no papel.

Vimos também o abismo que há entre a IA e a inteligência humana, sendo que até mesmo coisas simples para os humanos podem derrotar a IA hoje, como preparar um café em uma casa desconhecida. Portanto hoje é impossível alcançar a inteligência geral artificialmente; toda IA é estreita, de forma que somente se aplica a problemas com definições e delimitações claras.

CONCEITO 2: INTELIGÊNCIA IMPLICA A PRESENÇA DE PELO MENOS UMA DAS OITO CARACTERÍSTICAS

A segunda ideia familiar – ou assim espero – neste capítulo é o conceito de que inteligência é um termo complexo e composto por até oito características, como raciocínio, percepção, linguagem natural, mobilidade, aprendizado, representação de conhecimento, planejamento e consciência social. Excluímos a inteligência geral porque só estamos tentando entender como a ANI funciona.

O contrário também é verdade: a existência de pelo menos uma das oito características significa que algo é inteligente e apresenta inteligência estreita. Pode-se concluir, portanto, que, se quisermos entender como funciona a IA, precisamos analisar como máquinas criadas por humanos podem simular essas oito diferentes características da inteligência.

CONCEITO 3: ATIVIDADES INTELIGENTES NORMALMENTE RESULTAM DE VÁRIAS OUTRAS MENORES, NEM SEMPRE TODAS INTELIGENTES

O terceiro conceito é baseado na ideia de que qualquer problema complexo pode ser resolvido com seu desmembramento em problemas menores. Isso se aplica a atividades também, de forma que uma atividade complexa é invariavelmente composta de uma série de tarefas mais simples. Se a atividade como um todo for inteligente, somente uma das subtarefas que ela compreende precisa ser inteligente.

O princípio ajuda a identificar e esclarecer onde está a inteligência de fato em uma atividade mantida por IA. Isso pode ser mais difícil do que parece, porque, muitas vezes, fazemos coisas complexas sem consciência das tarefas envolvidas. Uma ação simples como jogar uma bola envolve um conjunto tremendo de movimentos, cálculos, decisões e ajustes. Pegá-la é ainda mais complicado. No entanto pergunte a uma pessoa o que ela faz durante uma ação simples como essa, e ela provavelmente terá dificuldades para explicar completamente cada um dos aspectos.

Conceito 4: os dados são o combustível da IA e do AM

O quarto princípio não é necessariamente óbvio a partir de uma comparação entre humanos e IA. Ele propõe que a IA e o AM dependem de dados sobre a atividade que executam para decidir o que fazer, se estão fazendo bem, e como fazer melhor. Sem isso, o que pode inicialmente parecer IA talvez seja simplesmente automação. Esse princípio é crucial para a forma como a IA funciona e explica por que lidar com dados pode ser a parte que mais tempo toma na criação de IA.

A razão pela qual isso não é necessariamente óbvio tem a ver com o fato de que os imensos volumes de dados envolvidos podem ter sido usados na criação da IA, mas não necessariamente em sua operação. Por exemplo, o reconhecimento avançado de fala em um alto-falante inteligente não demanda horas ouvindo um usuário para aprender o que está sendo dito, porque ele já foi treinado. Esse treinamento, feito durante o desenvolvimento do produto, muito antes de chegar ao público, envolveu horas de escuta de uma variedade de vozes e sotaques, então o alto-falante inteligente já consegue entender a maioria dos consumidores desde o início.

Conceito 5: atividades inteligentes podem ser representadas com o uso de linguagem matemática

No capítulo 2, "Uma longa e conturbada história", vimos como filósofos e pesquisadores desenvolveram estruturas e princípios teóricos para representar o pensamento inteligente. Posteriormente, os cientistas aplicaram-

-nos ao conceito de máquinas inteligentes e criaram projetos teóricos para essas máquinas. Engenheiros e cientistas, por sua vez, materializaram esses projetos, usando computadores e eletrônica para criar IA. A linguagem adotada desde as teorias iniciais até a prática moderna foi a matemática, e ela continua sendo a base de como uma atividade inteligente é representada e processada na IA.

A IA executa atividades inteligentes manipulando representações matemáticas para gerar respostas ou melhorar resultados, os quais também são expressos matematicamente. A IA pode, portanto, requerer formas de converter a linguagem matemática de volta em um *output* útil, como aumentar a temperatura de um aquecedor ou dizer a um motorista para onde virar.

CONCEITO 6: A IA REPETE PEQUENAS TAREFAS MUITAS VEZES, COM DIFERENTES DADOS, PARA ENCONTRAR O RESULTADO CERTO, QUE NORMALMENTE ALIMENTA UMA ATIVIDADE MAIOR

Uma característica da maioria dos tipos de IA é o fato de eles executarem cálculos e tarefas repetidas vezes, usando diferentes dados ou detalhes variáveis de tarefas, para encontrar e melhorar as respostas e os resultados. As especificidades de um problema determinam os cálculos, as variações e a definição de progresso; no final, alguma combinação deles fornecerá o resultado desejado. Isso muitas vezes será usado com os resultados de outras tarefas como suporte para uma atividade maior. Quanto mais complexa for a inteligência simulada, mais repetições serão necessárias e/ou mais complicada será a matemática na etapa que está sendo repetida.

EXEMPLO: ENTENDENDO AS RECOMENDAÇÕES DE FILMES POR IA A PARTIR DOS SEIS CONCEITOS

Esses seis conceitos trabalham juntos como uma estrutura para descrever o funcionamento de um elemento de IA, que pode ser aplicada a qualquer exemplo. Na próxima seção, usaremos esses princípios para explicar os tipos de IA mais utilizados atualmente. Mas, primeiro, vamos ilustrar essa abordagem com um exemplo de IA no cotidiano.

Introdução às recomendações de filmes por IA

Quem usa algum serviço de *streaming* de vídeos para assistir a filmes, como Amazon Prime, Netflix ou Disney+, já deve ter familiaridade com as recomendações personalizadas, que são as sugestões de filmes que talvez agradem ao usuário, feitas pelo provedor de serviços. A IA que está por trás delas se chama *motor de recomendações*, um uso comum de AM.

Essas empresas normalmente têm milhões de clientes e detêm informações sobre os filmes aos quais cada um assiste. Os clientes podem fazer uma avaliação on-line de um filme depois de assisti-lo, ou também podem ter fornecido algumas informações sobre seus tipos preferidos de filmes por meio de pesquisas ou de seus perfis em mídias sociais.

Aplicando o conceito 1 às recomendações de filmes
(um problema bem definido)

Para aplicar o conceito 1, precisamos descrever o problema que queremos resolver usando a IA, de forma que seja adequada para a ANI, ou seja, bem definida, com delimitações claras.

Nesse caso, o provedor dos filmes quer usar a IA para melhorar a maneira de recomendar filmes para cada cliente, de modo que aumente a chance de eles gostarem mais dele que dos concorrentes. Se forem bem-sucedidos, cada pessoa assistirá a mais filmes; haverá menor probabilidade de evasão, com maior chance de recomendações de clientes.

Então, a atividade inteligente a ser automatizada e aperfeiçoada é: "sugerir uma lista de filmes de que um cliente possa gostar". A IA poderia ser e é usada de muitas formas por um serviço de *streaming*, mas o primeiro conceito foca nessa forma única e específica.

Aplicando o conceito 2 às recomendações de filmes
(presença de características de inteligência)

Para aplicar o conceito 2, precisamos confirmar os tipos de inteligência envolvidos na recomendação de filmes; se não houver nenhum, então esse não é um problema de IA. Sabendo quais tipos estão envolvidos, podemos examinar as soluções e as ferramentas existentes para eles.

Nesse caso, as recomendações de filmes precisam de raciocínio e aprendizado. Sabemos disso a partir de um misto de experiência e bom senso. Essa noção nos possibilita perceber como a IA está melhorando a atividade e nos ajuda a compreender o que está sendo feito pela tecnologia de IA.

Aplicando o conceito 3 às recomendações de filmes (a inclusão de várias atividades menores)

Não seremos capazes de dizer, a partir de um conjunto qualquer de recomendações de filmes, como a empresa usou IA para fazê-las, e sequer afirmar que ela foi usada. O conceito 3 implica o desmembramento da atividade da recomendação de filmes em tarefas mais simples, focando nas inteligentes. Isso nos ajuda a ponderar sobre o problema da maneira certa para entender como a IA poderia ser usada para resolvê-lo e quais seriam os elementos constitutivos inteligentes necessários para tanto.

Vamos pensar em como se poderia desmembrar a tarefa de entender as preferências de cada um. Uma opção seria pesquisar sobre o cliente, para descobrir a que tipos de filmes ele já assistiu antes e o quanto ele gostou de cada um, com uma busca de padrões, tendências e associações que nos digam do que ele gosta. Isso poderia funcionar caso tivéssemos muitos dados a respeito de um usuário, ou seja, se ele tivesse assistido a muitos filmes e soubéssemos sua opinião sobre eles.

Outra opção seria encontrar clientes similares a ele e ver de que tipo de filmes eles gostam. A vantagem seria uma quantidade muito maior de dados, mas introduz um novo problema: encontrar clientes similares.

Uma vez que se desmembra a atividade de recomendações em tais tarefas, podem surgir algumas novas formas de se usar a IA. Se forem analisados todos os filmes assistidos por nosso cliente, seria possível descobrir que ele gosta, por exemplo, de ver filmes de suspense a maior parte do tempo. Uma opção então seria considerar analisar os filmes de suspense mais populares entre todos os consumidores e ver o que esses filmes têm em comum e, a partir daí, talvez encontrar características que possam ser usadas ao fazer recomendações para esse cliente.

Ao desmembrar a atividade dessa maneira, começamos a construir um entendimento sobre o tipo de tarefas inteligentes necessárias em um nível mais específico. Nesse caso, são todas formas de análise de dados, previsão e predição.

Aplicando o conceito 4 às recomendações de filmes (alimentadas por dados)

A recomendação de filmes necessita de dados sobre clientes e filmes. Quanto aos primeiros, os dados serão tudo que cada cliente tiver compartilhado ao se inscrever no serviço, além de qualquer informação que ele tenha fornecido desde então em pesquisas ou *feedbacks*. Além disso, a empresa terá detalhes de filmes aos quais cada cliente assistiu, qualquer avaliação que ele tenha feito e outras informações, tais como a data em que assistiu e o dispositivo usado (laptop, celular, etc.). Existem muito mais dados disponíveis sobre os filmes do que sobre os clientes; a maior parte não será retida nem se tornará propriedade da empresa de *streaming*, mas haverá muitos dados disponíveis para acesso e uso.

Aplicando o conceito 5 às recomendações de filmes (representadas com o uso da matemática)

No conceito 5, analisamos o que podemos fazer com as atividades e dados relevantes, traduzindo tudo para uma linguagem matemática apropriada. Os dados sobre clientes e filmes não são particularmente complexos, mas os volumes são significativos. O número de consumidores de grandes empresas de streaming é na casa dos milhões; o número de filmes, dezenas ou centenas de milhares, então a quantidade de filmes assistidos está entre bilhões ou dezenas de bilhões.

Esses três *inputs* ou dados de entradas (todos os clientes, todos os filmes disponíveis e os assistidos pelos clientes) ficam acessíveis para uso em um algoritmo de IA para criar o *output* (dado de saída) que estamos buscando.

Esse *output* é uma lista de filmes de que determinado cliente vai gostar, e idealmente a probabilidade de que eles gostem. Uma habilidade dos cientistas de dados é encontrar formas de criar o *output* desejado a partir dos *inputs* disponíveis. Isso exige etapas intermediárias de cálculos e análises, nesse caso, para identificar detalhes como padrões entre filmes de que cada cliente gostou e características de pessoas que apreciaram determinados tipos de filmes.

Os cálculos, as análises e outras manipulações de dados podem ser modelados e executados com o uso de estatística, matemática e computação; isso é possível se as atividades e os dados forem representados em linguagem matemática. As técnicas e as ferramentas de IA executam cálculos, análises e manipulação de dados de forma eficiente e rápida para grandes volumes de dados.

Aplicando o conceito 6 às recomendações de filmes (repetição com diferentes dados)

O objetivo desse conceito é reforçar o fato de que, para a IA encontrar um resultado desejado, muitos pequenos experimentos e tentativas precisam ocorrer, aplicando-se diversos modelos matemáticos a diferentes tipos de dados. Aqueles que geram melhores resultados são mantidos e refinados, e os demais são rejeitados. Isso leva a um conjunto de etapas matemáticas que são repetidas muitas vezes sobre os *inputs* para criar resultados intermediários, a partir dos quais os *outputs* desejados podem ser identificados.

Suponhamos que você queira fazer recomendações de filmes para um cliente específico que calha de ser um estudante, do gênero masculino, com idade entre 18 e 25 anos. Uma pequena atividade de IA a ser repetida várias vezes é checar os detalhes de cada cliente e, se eles tiverem a mesmas características, listar seus dez filmes preferidos. Isso nos daria um subconjunto intermediário de filmes para analisar mais a fundo, a partir do qual poderiam ser feitas recomendações por meio da execução de outras etapas. Outra fase de IA poderia começar com a análise do que esse cliente específico costuma assistir; informaria, por exemplo, que ele gosta de filmes de suspense, especialmente suecos. Poderíamos então analisar outras características dos filmes de suspense e as pessoas que gostam deles.

Análises e etapas como essas envolveriam a repetição de pequenas etapas muitas vezes, a criação de listas intermediárias de clientes e filmes, e depois a verificação e a análise dessas listas em busca de padrões e exceções.

JUNTANDO TUDO

Os seis conceitos aqui descritos ilustram como a atividade inteligente, a representação matemática e os dados trabalham juntos na IA. O que eles também mostram é que a IA é atualmente um problema complexo de engenharia que depende de julgamento e perícia humanos. As partes mais difíceis na criação de IA estão em entender a melhor forma de usar os dados disponíveis para gerar os resultados desejados, e projetar os algoritmos e outras etapas matemáticas envolvidas.

Os seis conceitos foram resumidos no quadro 3.1, e a próxima seção mostra como eles são aplicados a algumas das formas mais conhecidas de IA usadas hoje.

Quadro 3.1 – SEIS CONCEITOS-CHAVE POR TRÁS DA IA ESTREITA	
Conceito 1	A IA precisa de problemas bem definidos, com delimitações específicas.
Conceito 2	Inteligência implica a presença de pelo menos uma das oito características.
Conceito 3	Atividades inteligentes normalmente resultam de várias outras menores, nem sempre todas inteligentes.
Conceito 4	Os dados são o combustível da IA e do AM.
Conceito 5	Atividades inteligentes podem ser representadas com o uso de linguagem matemática.
Conceito 6	A IA repete pequenas tarefas muitas vezes, com diferentes dados, para encontrar o resultado certo, que normalmente alimenta uma atividade maior.

DESMISTIFICANDO ALGUNS EXEMPLOS COMUNS DA IA

A seção anterior nos mostrou um conjunto de conceitos que podemos aplicar a qualquer situação que envolva inteligência, e usar para entender os princípios de como a IA se aplicaria a essa situação. Agora nos voltaremos para quatro grandes áreas em que a IA é mais usada hoje em dia, pondo-as em prática:

» análise inteligente;
» visão computacional;
» PLN;
» automação inteligente.

Devemos ressaltar que existem muitos outros usos de IA, e surgem novos a cada semana. Focaremos nessas quatro áreas porque elas cobrem a maioria das aplicações existentes de IA que provavelmente serão encontradas.

Para cada área, foi descrito como esse tipo de IA é usado e, depois, explicado como os conceitos se aplicam. Isso desconstrói o modo como a IA funciona em princípio, até onde é possível, sem mergulhar em detalhes técnicos.

Análise inteligente

A análise (REAVIE, 2018) é uma forma de IA familiar para muitos, além de ser a que regularmente se adota há mais tempo. São vários os termos usados para descrevê-la, mas nenhum deles tem uma definição muito rígida ou possui aceitação universal. Sinônimos comuns, alguns com outros significados para além da IA, incluem análise preditiva, previsão preditiva, megadados e análise de dados. Ela se refere à capacidade de inspecionar automaticamente dados computadorizados (tipicamente números e texto), manipulá-los de forma inteligente, encontrar *insights* dentro deles e apresentá-los.

Os três tipos de análise inteligente que vamos considerar são:

» busca inteligente;

» previsão e predição;

» detecção de anomalias.

Busca inteligente

A busca inteligente (3RDi, 2019) é o uso de IA para encontrar respostas a consultas sobre dados mantidos em grandes quantidades, muitas vezes entre múltiplas fontes. Os exemplos mais conhecidos são motores de busca como Google e Bing, mas também aparecem como ferramentas de pesquisa em bancos de dados (por exemplo, históricos de funcionários; catálogos de produtos) e websites.

A busca inteligente cresceu muito rapidamente desde o início da internet, e hoje depende de IA. Uma característica é o uso de dados não estruturados, ou seja, que não se conformam às regras rígidas que se costumavam aplicar a dados antes que eles pudessem ser armazenados e recuperados. Hoje, nem precisam ser na forma informática tradicional, tampouco fazer buscas, por exemplo, em bancos de dados usando referências como número de cliente. Isso porque a IA permite que as buscas sejam executadas rápido o suficiente com o uso de texto parcial em nomes, outras características ou mesmo texto livre, como descrições.

Outro formidável uso da IA em buscas é o PLN. A linguagem natural interpreta os termos de busca e usa a inteligência para adivinhar a intenção de quem faz a busca. O PLN também possibilita *inputs* falados, em vez de digitados.

Previsão e predição

A previsão e a predição (DAMRON, 2017) que usam IA são, na verdade, duas aplicações diferentes de IA, mas os termos muitas vezes são adotados como sinônimos, e algumas novas definições até mesmo contradizem o uso anterior. Podemos tratá-las como uma coisa só, porque, para nossos fins, a IA subjacente é similar de um ponto de vista geral, e só muda materialmente quando se entram nos detalhes.

Ambas usam técnicas de IA para identificar padrões em dados e adotam diferentes algoritmos para adivinhar valores para futuras unidades de observação. Os algoritmos dependem de dados existentes disponíveis, incluindo o tipo de variação esperada, que também podem ser enriquecidos com dados de provedores externos. Então, ao planejar uma nova loja, por exemplo, uma rede de fast-food poderia ter volumes imensos de dados de lojas existentes, assim como dados externos do proprietário do ponto e de autoridades locais, cobrindo fatores que poderiam afetar o desempenho de um estabelecimento. Os cientistas de dados podem usá-los em modelos complexos para analisar e prever o desempenho da loja, incluindo diversos fatores, como tráfego, presença de concorrentes e distância até paradas de transporte local. Ao preencher esse modelo com dados sobre uma nova loja proposta e sua localização, eles podem prever número de clientes, *ticket* médio, número de funcionários e assim por diante.

Detecção de anomalias

A detecção de anomalias (SCIFORCE, 2019) é o uso de IA para detectar exceções e anormalidades em padrões de dados, assinalando-as para uma ação humana ou automatizada caso requeiram intervenção. O exemplo mais conhecido é a detecção de fraudes, mas existem muitas outras aplicações comuns, como o monitoramento e a manutenção de redes, incluindo redes de energia, dados e transportes. A IA em detecção de anomalias é razoavelmente simples e é uma variação do modo de funcionamento da previsão e predição.

Para entender em um nível geral como tudo isso funciona, observemos como os seis conceitos se aplicam a esse tipo de IA.

Aplicando os seis conceitos à análise inteligente

Conceito 1: *a análise com IA precisa de problemas bem definidos, com delimitações específicas*

As situações em análise com IA são muito orientadas para problemas, e surgem invariavelmente porque alguém está tentando responder a uma pergunta como: "Quanto vamos lucrar no ano que vem se abrirmos dez novas lojas, em vez de cinco?". Então, cada caso de análise que use IA terá seu próprio problema bem definido, com delimitações específicas. De forma genérica, são todas variações da mesma atividade: extrair *insights* de dados; identificar padrões; associações e exceções. Não importa se o que se procura no final seja o resultado de uma busca, a probabilidade de uma fraude, as horas estimadas de luz do Sol ou o preço de oferta de um anúncio, são todos obtidos com o uso de etapas e técnicas comparáveis.

Conceito 2: a inteligência na análise com IA implica a presença de pelo menos uma das oito características

Mais uma vez, esse conceito é simples de ser aplicado aqui. A análise com IA é focada no *raciocínio*, que, na prática, significa executar cálculos com base em condições lógicas e comparações. Usuários de planilhas podem ter familiaridade com versões simples desses tipos de cálculos e comparações.

Conceito 3: as atividades de análise com IA normalmente resultam de várias outras tarefas menores, nem sempre todas inteligentes

Para os humanos, o desmembramento das atividades envolvidas na análise normalmente é simples de entender, porque elas invariavelmente abrangem alguma forma de aritmética ou matemática que conseguimos compreender. Por exemplo, a detecção de fraudes pode implicar a descoberta de padrões que representem o comportamento típico de um cliente no uso do cartão e a sinalização de exceções. Podemos não ser capazes de criar esses padrões nós mesmos, e certamente não com a velocidade e precisão da IA; mas é instintivamente *factível*, ainda que não possamos fazer os cálculos nós mesmos.

O mesmo se aplica a praticamente todas as formas de análise com IA, uma vez que se examinam os princípios subjacentes de como as previsões, predições, anomalias ou resultados de buscas são encontrados. A matemática pode parecer terrivelmente complexa, mas é algo que conseguimos compreender. É improvável que a inteligência de um computador que consiga fazer isso nos intimide, mas sua prodigiosa velocidade e memória são impressionantes.

Conceito 4: os dados são o combustível da IA e do AM

Os dados envolvidos nesse tipo de IA são compreensíveis e descomplicados, ainda que os volumes sejam incompreensíveis. Eles consistem de dados informáticos normais, como dados de clientes e vendas para predições, preços de ações para previsões e estatísticas de desempenho de produto para a identificação de falhas em maquinários (anomalias). Eles podem também incluir dados que não estejam na forma de números e texto, como o uso de imagens no lugar de palavras em buscas na internet.

A análise com IA depende de volumes muito maiores de dados do que os humanos conseguem compreender. Isso normalmente significa, pelo menos, milhões; muitas vezes, bilhões ou mais.

Conceito 5: as atividades de análise com IA podem ser representadas com o uso de linguagem matemática

No nível que este livro aborda, a representação da atividade inteligente para análise com IA pode ser feita a partir de matemática comum e estatística. Na prática, isso implica técnicas mais avançadas, como álgebra linear construída sobre matemática *normal* e estatística. Em uma abordagem mais avançada do assunto, veríamos que não é tão simples assim, mas a complexidade extra não melhorará nosso entendimento aqui.

Conceito 6: a análise com IA repete pequenas tarefas muitas vezes, com diferentes dados, para encontrar o resultado certo, que normalmente alimenta uma atividade maior

Muitas das tarefas requeridas na análise não precisam de IA, porque as funções computacionais já existem para resolver muitas pequenas etapas requeridas. Por exemplo, não há por que usar técnicas de IA para calcular médias e medianas, uma vez que linguagens de computador conseguem fazer isso automaticamente.

No entanto isso muda de forma significativa na aplicação dos resultados da análise a situações do mundo real, especialmente quando o comportamento humano se torna um fator. Por exemplo, um motor de busca pode usar IA para listar os melhores resultados do ponto de vista estatístico primeiro, mas é somente vendo em quais deles os humanos clicaram primeiro que podemos acrescentar a interpretação humana desses resultados à lógica da IA. Similarmente, a estatística pode ser suficiente para prever uma provável transação fraudulenta de cartão de crédito, mas não consegue antecipar, de forma confiável, que um cliente vá decidir fazer uma viagem para o exterior repentinamente, totalmente fora dos padrões anteriores de gastos e viagens. A IA usa lógica e dados mais sofisticados para começar a prever e predizer essas circunstâncias do mundo real, algo com que as técnicas habituais de computação teriam dificuldade para lidar.

Visão computacional

A visão computacional (VENABLES, 2019) é o uso da IA com fotografia digital (imageamento), de forma que os sistemas de computador possam *reconhecer* o conteúdo das imagens e *entender* seu significado e suas implicações.

Os exemplos que vamos considerar são os seguintes:

» reconhecimento e processamento de imagens;
» reconhecimento de texto e escrita à mão;
» processamento de vídeo.

A principal barreira para a visão computacional costumava ser a dificuldade de se capturar uma imagem digitalmente com qualidade, usando sensores de imagem. Originalmente, eles apareciam em scanners de mesa, e só conseguiam lidar com imagens em preto e branco (por exemplo, não cinza), como texto. Agora, sensores de imagem do tamanho da ponta de um dedo estão presentes em celulares, laptops e dispositivos domésticos, e conseguem criar imagens coloridas detalhadas com uma qualidade só possível anteriormente com câmeras analógicas. Uma vez que temos uma imagem em alta resolução em formato digital, o papel da IA é *entender* seu conteúdo. Antes de examinarmos esse processo, vamos explorar três usos comuns da visão computacional.

Processamento e reconhecimento de imagens

O processamento de imagens (TAVARES, 2010) é a manipulação para melhorar ou mudar imagens digitais como suporte a algum objetivo maior. O Adobe Photoshop, por exemplo, é uma conhecida ferramenta para aperfeiçoar fotos, muito usado em revistas para deixar as pessoas mais como elas – ou seus editores – gostariam, mais magras ou com menos rugas. Esse *retoque* de imagens digitais é um processamento por IA, que usa o recurso para identificar e mudar partes de uma imagem.

O reconhecimento de imagens é o mecanismo pelo qual uma imagem que está sendo processada pode ser comparada com outras conhecidas, e associada a imagens similares. Os exemplos mais óbvios são o reconhecimento facial em sistemas de segurança e a leitura de placas de carros no controle de tráfego ou na cobrança automática de pedágio.

Reconhecimento de texto em letra de forma e cursiva

O reconhecimento de texto em letra de forma e cursiva (KACALAK; STUART; MAJEWSKI, 2007) é uma maneira especializada de reconhecimento de imagem. Textos em letra de forma são mais fáceis, mas ambos são resolvidos de uma maneira semelhante. Eles dependem de um conceito chamado aprendizado profundo, no qual diferentes *camadas* de IA lidam com distintas partes do problema. A primeira camada identifica linhas e formas; a segunda, compara-as com formas conhecidas (por exemplo, letras, números e pontuação) e as camadas seguintes executam outras tarefas com as letras.

O reconhecimento de escrita cursiva é parecido, com duas dificuldades adicionais. Primeiro, as formas escritas à mão são mais variadas e podem ser unidas, o que torna mais complicado identificar onde estão os limites das letras. Segundo, existe muito mais variação no conjunto de respostas *corretas* para comparação, porque há muito mais oscilações em versões manuscritas de uma carta do que em letras de forma. Contudo essas questões podem ser superadas com mais amostras de letras cursivas para comparação, e algoritmos mais sofisticados para as detecções mais difíceis.

Processamento de vídeo

Para a maior parte das aplicações, como segurança residencial e monitoramento de tráfego, a visão computacional de vídeo (SHRIVASTAVA, 2019) funciona de uma forma similar à das imagens estáticas. A IA usada em filmes para imagens geradas por computador (CGI) e efeitos especiais de *fundo verde* são versões muito mais complexas de manipulação de imagens, mas em princípio usam o mesmo tipo de tecnologia e premissas.

A principal diferença entre visão computacional de vídeo e de imagens estáticas é o fluxo constante de imagens no vídeo. Isso leva a uma tarefa adicional de comparação entre elas ao longo do tempo para detectar mudanças, como em acidentes de trânsito, por exemplo. Movimentos que se afastam ou se aproximam das câmeras também podem ser inferidos, acrescentando 3D ao uso potencial.

Isso significa que existem muito mais dados para processar e um novo tipo de processamento, que compara imagens no decorrer do tempo. Esse processamento é uma variação daquele usado para analisar imagens estáticas, mas diferentes técnicas de IA são necessárias para entender o que qualquer mudança significa; esta só pode ser inferida se houver uma expectativa do que deveria ter acontecido. Portanto ferramentas e técnicas de predição são aplicadas a dados de vídeo, de forma que comportamentos *normais* e exceções possam ser reconhecidos.

Aplicando os seis conceitos à visão computacional

Conceito 1: a visão computacional precisa de problemas bem definidos, com delimitações específicas

Ainda não conseguimos criar dispositivos de visão computacional para fins gerais que tenham a capacidade de alternar entre leitura de texto, varredura de multidões em busca de comportamentos suspeitos, identificação de rostos conhecidos e apreciação de arte. Então, as aplicações de visão computacional precisam ser projetadas em torno de problemas individuais que possam ser abordados com um tipo de visão computacional. Entre os exemplos, estão o processamento de imagens estáticas, o acréscimo de efeitos especiais a vídeos, a leitura de letra cursiva, o reconhecimento de rostos e a identificação de pontos de referência.

Conceito 2: inteligência em visão computacional implica a presença de pelo menos uma das oito características

A IA em visão computacional consiste predominantemente em automatizar a percepção, executando a atividade inteligente com a qual o olho humano e partes associadas do cérebro consigam trabalhar. É uma IA que substitui um dos cinco sentidos humanos, a visão.

Para as imagens de vídeo, pode haver também análise que prediga mudanças esperadas nelas (como o caminho normal de um carro por uma estrada) e anomalias (como uma colisão com um poste de luz). O processamento de imagens pode usá-la também.

Conceito 3: atividades de visão computacional normalmente resultam de várias outras tarefas menores, nem sempre todas inteligentes

Muitas vezes é difícil distinguir entre as etapas menores necessárias para permitir que a visão computacional *enxergue* algo e as etapas menores envolvidas em uma atividade que use visão computacional, tal como a condução de um carro autônomo. Para entender a visão computacional, é a primeira que precisamos decompor.

A primeira etapa na visão computacional é puramente mecânica, e consiste na conversão da luz que forma a imagem em sinais elétricos que a representam. Isso é feito pela retina no olho humano, por filme fotossensível em câmeras analógicas e por um sensor de imagem em câmeras digitais. O sinal elétrico gerado retém informações sobre a imagem, incluindo brilho e cor de cada parte.

O resto das tarefas na visão computacional é todo inteligente e envolve a extração de significado do sinal elétrico, além da decisão de como processá-lo para executar uma tarefa, como vigilância ou o escaneamento de um documento, por exemplo. Dependendo da atividade, isso pode envolver a manipulação do sinal para mudar seu significado ou enviar uma descrição matemática da imagem para outra tarefa, como exibi-la em uma tela ou mudar a direção de um volante.

"Manipular o sinal para mudar seu significado" poderia ser algo inócuo como remover uma mancha ou deixar mais nítido um detalhe borrado. Mas também poderia ser algo mais drástico, como nos chamados *deepfakes*.

Conceito 4: os dados são o combustível da visão computacional

Os dados envolvidos na visão computacional são a representação de uma imagem como uma série de pequenos pontos, normalmente invisíveis a olho nu. Existem tipicamente de 1 a 2 milhões de pontos desses na tela de um laptop ou de um celular. Esses pontos são conhecidos como pixels, e cada um tem uma cor que pode ser definida por números (ADOBE, 2020). Para imagens em telas, a cor é expressa como um conjunto de proporções entre vermelho, azul e verde.

Em termos de volumes de dados para a visão computacional, os dois fatores a serem compreendidos são o número de pixels em uma imagem e o número delas. Juntos, eles fornecem uma ideia da quantidade de dados que precisa ser manipulada, processada e deslocada entre tarefas e dispositivos. Imagens de câmera de celular são representativas de imagens de visão computacional e têm sensores de até algumas dezenas de megapixels. Isso significa que elas têm um tamanho de dezenas de milhões de pixels. Cada pixel consiste em três números (vermelho, azul e verde), de forma que uma única imagem comum possui dezenas ou centenas de milhões de itens de dados. Problemas de visão computacional, como reconhecimento facial, busca visual e monitoramento de vídeo envolvem em geral pelo menos algumas milhares de imagens, porém mais provavelmente milhões ou dezenas de milhões, sobretudo no caso de vídeos.

Então, a quantidade total de dados envolvidos na visão computacional rapidamente sobe para centenas de bilhões ou mais (dezenas de milhões de imagens, cada uma contendo dezenas de milhões de unidades de observação). Estas geralmente precisam ser processadas instantaneamente ou em milissegundos, daí a ênfase da pesquisa em eficiência e velocidade computacional.

Conceito 5: *atividades de visão computacional podem ser representadas com o uso de linguagem matemática*

A representação de imagens em forma matemática é aparentemente simples em princípio, porque uma imagem consiste de pontos, e cada ponto é composto por três números (três por cor). Então, uma imagem pode ser representada como uma série de números, somente. Por exemplo, se uma imagem é composta por cem pontos em uma grade de 10×10, então ela pode ser representada por uma lista de trezentos números.

A manipulação de imagens também parece ser relativamente simples do ponto de vista conceitual, porque é possível descrever tanto características visuais como matemáticas nas séries de números e fazer alterações em imagens, aplicando operações matemáticas aos números. Por exemplo, a borda de um objeto preto sobre um fundo branco será uma fileira de pixels, cada um com brilho (branco), logo ao lado de uma fileira com brilho zero. Então, encontrar bordas em uma imagem requer uma busca de conjuntos de números que correspondam a pixels que se encaixem nesses padrões. Da mesma forma, para mudar a cor de uma imagem, busca-se na série de números o valor vermelho/azul/verde da cor, e cada ocorrência é substituída pelos valores vermelho/azul/verde da nova cor.

No entanto, embora ambos consistam de conceitos fáceis de entender, na prática são impossíveis sem uma matemática avançada e sofisticada, que permita que os princípios sejam aplicados a imensos volumes de dados complexos, em prazos consideráveis. Assim, muitas inovações técnicas em IA vieram do trabalho com visão computacional.

Conceito 6: a visão computacional repete pequenas tarefas muitas vezes, com dados diferentes, para encontrar o resultado certo, que normalmente alimenta uma atividade maior

A partir da descrição do que seriam dados de imagem, e de como eles poderiam ser buscados e transformados, fica claro que a visão computacional consiste em repetir tais buscas e transformações muitas vezes para atingir um resultado geral.

Por exemplo, o reconhecimento facial consiste em fazer a correspondência da imagem de um rosto com um conjunto de imagens conhecidas dentro de um banco de dados. Espero que tenha ficado claro, pelas explicações até o momento, que existem duas etapas amplas, mas que requerem muitos recursos computacionais: primeiro, uma imagem de rosto precisa ser convertida em uma representação matemática. Nesse caso, o uso de séries de números para representar pixels não é eficiente o bastante, então trata-se de uma técnica matemática diferente; a segunda etapa é comparar a descrição matemática dos pixels desse rosto com uma representação similar de outros rostos em um banco de dados. A menos que a iluminação e o ângulo sejam os mesmos, não haverá uma correspondência. Então os algoritmos precisam permitir tais diferenças. Mas, em tese, a visão computacional está comparando duas grandes séries de números, que representam dois conjuntos de pixels.

Vimos que cada imagem pode consistir de centenas de milhões de números como esses, então a comparação de uma imagem com um banco de dados de centenas ou milhares não deve ser subestimada. A única maneira viável de fazer isso hoje é desmembrando as imagens e séries de números em milhares ou milhões de partes, comparando-se uma parte de cada vez, e, depois, reconstituindo as partes. Estas poderiam ser, primeiro, pixels individuais ou pequenos grupos de pixels e, posteriormente, grupos maiores, como um olho ou um nariz, e, por fim, um rosto inteiro. Esses são atalhos matemáticos que usam algo mais eficiente do que a comparação de pixels, mas esses são os tipos de etapas envolvidas, daí a necessidade de uma computação mais potente para a visão computacional.

Uma das muitas técnicas que reduzem as imagens a elementos de um tamanho manejável é conhecida como *janela deslizante*. Ela consiste somente no exame de uma pequena janela retangular de alguns pixels de tamanho, e o uso de IA para identificar seu pequeno conteúdo, digamos, uma linha diagonal curta. A janela então desliza por cima da imagem para inspecionar um conjunto adjacente de pixels, que pode se sobrepor ao primeiro, e fazer a identificação novamente.

Dessa forma, a IA constrói uma representação da página toda em partes que sejam mais fáceis de comparar, manipular e usar. Esse é um exemplo típico de uma tarefa pequena que é repetida muitas vezes, com diferentes dados.

A visão computacional é repleta de muitas etapas como essa que, juntas, analisam, reconhecem e manipulam imagens.

PLN

O PLN (COLLOBERT *et al.*, 2011) abrange três grandes tipos de atividade de IA:

» geração de linguagem natural (texto e fala);
» reconhecimento de linguagem natural (texto e fala);
» análise de sentimento de linguagem natural.

Eles podem soar parecidos, mas as diferenças levam a desafios e níveis de dificuldade muito diferentes.

Geração de linguagem natural

A geração de linguagem natural, especialmente o texto, mais do que a fala, é a forma menos complexa de PLN; a mais rudimentar sequer é IA, mas uma programação simples (programação de mensagens de erro e mensagens de sistema com o uso de linguagem natural). A principal forma de fazê-la é usando bancos de dados de vocabulários, estruturas de frases e si-nônimos para reescrever textos em formas novas e naturais. A lógica da IA é usada para deduzir a intenção do texto, encontrar e construir formas alternativas de expressá-la, e avaliar a melhor a ser usada. Alto-falantes inteligentes são o exemplo mais óbvio, nos quais pode haver variação na forma como a mesma mensagem é formulada, mesmo após várias ocorrências.

Uma vez selecionadas as palavras e as formas de linguagem, não se requer IA para apresentá-las em uma tela. No entanto, se elas forem pronunciadas em voz alta, um tipo diferente de IA é requerido para converter texto em fala. A IA em visão computacional depende da conversão de imagens em pixels. As palavras não têm um equivalente direto ao pixel, mas a IA faz uso de um equivalente aproximado em áudio chamado fonema (DAVENPORT; HANNAHS, 2020). Esse é um tipo de som que constitui uma língua falada, e é similar à abordagem fonética para o ensino do alfabeto e da leitura para crianças. A geração de fala por IA converte texto em fonemas, como uma de suas tarefas.

Reconhecimento de linguagem natural

O reconhecimento de linguagem natural (KAMATH; LIU; WHITAKER, 2019) é um problema complexo que, em sua forma mais extrema, aproxima-se dos níveis de dificuldade da IA geral. No entanto, na prática, só se espera da IA hoje que ela reconheça fala ou texto em circunstâncias definidas (como automação residencial ou operação de controles de TV). Dentro das limitações dessas circunstâncias, já é impressionante, e continua a melhorar.

A parte mais difícil de se reconhecer a linguagem natural é lidar com o uso diverso da linguagem. Isso leva a muitas formas de se dizer a mesma coisa, bem como a várias palavras e expressões que soam similares, mas que apresentam significados muito diferentes. A falta de regras consistentes e universais que ditem o uso da linguagem só aumenta a dificuldade. Por fim, a comunicação humana contém tanto elementos implícitos dentro da linguagem quanto mensagens não verbais que a complementam. Por exemplo, uma frase como "o aluno levou uma surra do professor na pista de atletismo" é tecnicamente ambígua, mas a maioria das pessoas presumiria que seria somente uma formulação infeliz para uma corrida entre aluno e professor, e não um castigo em público. No entanto é impossível treinar a IA para lidar de forma consistente com exemplos do tipo.

Análise de sentimentos em linguagem natural

Análise de sentimentos (BHATT; GUPTA, 2019) é a habilidade de a IA entender sentimentos e emoções em um segmento de linguagem escrita ou falada, que acrescenta um nível a mais de dificuldade ao reconhecimento da linguagem. Sua aplicação é extensa e variada, mas efetiva em um número relativamente pequeno de áreas até o momento. Um uso comum é a leitura automática de avaliações e comentários a respeito de um produto ou serviço, e a compreensão dos sentimentos expressados pelos clientes. É especialmente útil para examinar postagens em mídias sociais. No entanto isso não é análise de sentimentos da forma como os humanos a reconhecem, mas um exercício estatístico mais próximo da previsão por IA. É feita com a busca de palavras específicas associadas a determinadas emoções e por sua frequência de uso; é mais complicado do que isso na prática, mas se baseia no uso da frequência de certas palavras, como proxy do sentimento.

Os humanos encontram sentimentos e emoções em um segmento de linguagem de uma forma diferente, lendo sentimentos nas palavras individuais de uma frase, e a IA ainda está no início de sua jornada para replicar isso de forma precisa e ampla. Atualmente, reconhecer características sutis de linguagem como ironia, sarcasmo e até mesmo humor ácido está além da capacidade da IA. E, é claro, o PLN restringe-se à linguagem, ao passo que a comunicação humana, especialmente dos sentimentos, é não verbal.

Aplicando os seis conceitos ao PLN

Conceito 1: o PLN precisa de problemas bem definidos, com delimitações específicas

A geração de linguagem natural é uma declaração de problema de definição bastante estreita, e não cria muito espaço para ambiguidade. O escopo do problema será definido pela língua em si (inglês, francês, hindu, etc.) e talvez pela área de aplicação (uso geral, diagnóstico médico, comentário esportivo, etc.).

Em compensação, o principal desafio com o reconhecimento de PLN, especialmente a fala, é a amplitude da possibilidade de línguas usadas. Existe uma variedade quase infinita de usos, formas e apresentações (sotaques, expressões idiomáticas) em uma conversa humana normal. Sem quaisquer restrições sobre elas, um verdadeiro reconhecimento de voz de PLN situa-se próximo da IA geral, no sentido de que precisa estar preparado para lidar com praticamente qualquer significado possível. Quanto mais restrições puderem ser aplicadas, mais estreito será o escopo de linguagem que pode ser esperado, e melhor o desempenho.

Conceito 2: a inteligência no PLN implica a presença de pelo menos uma das oito características

A comunicação por linguagem natural é uma das oito características da inteligência estreita. Talvez surpreenda, mas a IA para PLN não precisa somente desse tipo de inteligência. Isso porque, embora esse seja um tipo único de inteligência em humanos, em computadores não é. A comunicação por linguagem natural em humanos é uma capacidade sofisticada e complexa, ainda não totalmente compreendida. Nossa habilidade de simulá-la artificialmente alcançou diferentes níveis em distintas áreas. Em alguns aspectos, ainda precisamos suplementá-las com outras formas de inteligência, especificamente a análise com IA.

Transmitir mensagens com o uso de texto ou fala é algo que computadores conseguem fazer facilmente, e também é possível fazer soar de forma natural com o uso de referências a dicionários e amostras de textos. Mas a etapa para entender a linguagem humana é importante e só pode ser conquistada com o acréscimo de quantidades significativas de análise com IA. Existem também dificuldades técnicas para entender o contexto, no sentido de que o significado de uma palavra pode mudar, dependendo das palavras que a precedem e a sucedem. Então a IA pode demandar a lembrança de frases e expressões inteiras para entender com precisão palavras individuais que estejam contidas dentro delas.

Da mesma maneira, a análise de sentimentos ainda está engatinhando, e requer um processamento complexo para identificar as muitas formas como a emoção pode ser transmitida por palavras.

Conceito 3: atividades de PLN normalmente resultam de várias outras tarefas menores, nem sempre todas inteligentes

Fazer computadores gerarem textos em uma tela é uma tarefa básica de computação, e, com um mínimo esforço, pode-se simular uma geração de linguagem natural. Por exemplo, um programa projetado para dizer a hora poderia ser programado para gerar a frase "Olá, são x horas", seguida por uma instrução do computador para exibir a hora. Essa é a forma mais básica de geração de linguagem natural, ainda que não muito inteligente. Para que a tarefa se torne IA, poderíamos desmembrá-la em tarefas menores de escolha de palavras variadas, e lidar flexivelmente com diferentes situações. Essa seria uma combinação de lógica para determinar as circunstâncias nas quais dadas palavras pudessem ser usadas, com os dados sobre outras formas de linguagem que lograssem se aplicar a essas circunstâncias.

Em qualquer forma de geração de fala em linguagem natural, as palavras requeridas são geradas em forma de texto da mesma maneira. A geração de fala com IA acrescenta então uma etapa extra para converter esse texto em fonemas, de forma que soe como se fosse lido por alguém em voz alta e tocado por meio de um alto-falante.

A compreensão da linguagem natural também se divide em falada e textual. Assim como com a geração de fala, lidar com dados de *input* falados acrescenta uma etapa a mais para converter o texto falado em escrito, e, depois, segue as mesmas tarefas. As funções para reconhecer e extrair significado da linguagem natural são extremamente difíceis, e requerem algoritmos complexos, análise e processamento. Isso se deve ao grande número de maneiras de como a linguagem pode ser usada e à ambiguidade inerente ao uso cotidiano da língua.

Conceito 4: os dados são o combustível do PLN

Os dados usados pelo PLN consistem em palavras, expressões e suas combinações, todos constituídos de texto. Ele também precisa de dados sobre estrutura de linguagem, uso e significado.

Embora existam muitas palavras em uma língua a serem lembradas pelo cérebro humano, um dicionário típico não é grande para um computador. Então, dados de vocabulário são relativamente simples e limitados em volume, geralmente não passando de centenas de milhares de itens. Já os dados sobre o uso da linguagem são muito mais complexos e incluem volumes enormes de combinações de palavras. O processamento envolvido no uso da linguagem é muito mais intensivo do que o requerido para lidar com vocabulário.

Diferentemente das outras aplicações em IA até o momento, esse tipo de dado é flexível e fluido, e não se conforma a estruturas e regras rígidas, o que tornam difíceis a categorização, o processamento e o uso dos dados de uso da linguagem. Aprofundando a complexidade, boa parte da comunicação entre pessoas é não verbal, então a língua em si talvez nem seja suficiente. Atualmente, a comunicação não verbal não pode ser convertida de forma confiável em dados para uso da IA.

Conceito 5: atividades de PLN podem ser representadas com o uso de linguagem matemática

Representar a linguagem em matemática é fácil e difícil ao mesmo tempo. A parte fácil é converter letras, palavras e frases em algum tipo de dado estruturado. Crianças escrevem códigos secretos umas para as outras, convertendo letras em números, dividindo-os em grupos ou realizando aritmética simples. Converter linguagem em forma matemática para a IA é uma versão muito avançada disso.

A parte difícil é representar o significado, o contexto e até mesmo a estrutura de frase. Existem várias técnicas que auxiliam nisso, e coletivamente elas podem fazer muito para atingir o objetivo, especialmente para o uso de linguagem comum. Mas completar as etapas finais e lidar com grandes números de exceções ainda é imensamente desafiador.

Como resultado, gerar representações matemáticas de linguagem natural é difícil, mas factível. As limitações nos dados, a complexidade dos algoritmos ou o poder de processamento normalmente não impedem a criação de linguagem natural, só restringem sua possível riqueza, variedade e sofisticação. Mas esse não é o caso com o reconhecimento de linguagem natural, que precisa de uma representação suficientemente abrangente para lidar com qualquer possível *input* de linguagem natural. Isso reforça o primeiro princípio de todos, o da delimitação do problema. Se o tipo e a variedade da linguagem natural a ser reconhecida tiverem uma definição suficientemente estreita, digamos, somente para conversas sobre sintomas médicos, resultados melhores serão possíveis.

Conceito 6: o PLN repete pequenas tarefas muitas vezes, com diferentes dados, para encontrar o resultado certo, que normalmente alimenta uma atividade maior

Os níveis de repetição envolvidos na geração de texto e fala não são os mesmos que em outros tipos de IA. Alguns podem precisar ajustar a forma como diferentes entonações naturais soam ou escolher a palavra mais apropriada a partir de uma seleção. Haverá também um grau de repetição de tarefas para treinar tais aplicações de forma que soem naturais desde o início.

O reconhecimento de fala está no outro extremo. Isso porque as etapas detalhadas envolvidas na preparação de fala para reconhecimento são intensivas e criam muitos caminhos e possibilidades do que algumas palavras podem significar. Cada uma dessas necessidades precisa ser processada, avaliada e comparada com outras possibilidades, antes de passar para a palavra seguinte.

Exemplos da preparação (GANESAN, 2019) incluem stemização e lematização (remoção de diferentes terminações de palavras para simplificação), *parsing* (análise sintática) e modelagem de tópicos (a revelação de estruturas ocultas em grandes quantidades de texto ao inspecionar a distribuição de palavras).

Automação inteligente

A automação inteligente (PIATETSKY, 2017) é o uso da inteligência para automaticamente seguir processos com base em condições, *inputs* e instruções. A diferença entre a automação comum e a inteligente é a habilidade de lidar com circunstâncias flexíveis, vagas ou inesperadas. O tipo de processo que está sendo automatizado pode assumir muitas formas, desde o processamento de informações, como pedidos, até a alteração de configurações em dispositivos, como sistemas de *home theater*, passando pela operação de maquinários, como geradores de eletricidade.

A automação inteligente também pode envolver outras características inteligentes. Uma delas é o uso de PLN para receber instruções e produzir resultados, como na automatização de chamadas de atendimento ao cliente. A segunda é o uso de análise para avaliar as circunstâncias e tomar uma decisão sobre uma ação, como na automatização da aprovação ou da recusa de um pedido de empréstimo. A terceira é o uso da mobilidade e da manipulação para controlar maquinários fisicamente, como o deslocamento de produtos de um depósito até uma plataforma de carga para serem despachados.

De uma forma muito geral, os exemplos que vamos considerar funcionam de maneiras similares, embora as áreas pareçam muito diferentes. Veremos por que isso acontece quando explicarmos os seis conceitos para desconstruir o funcionamento da automação inteligente. Estes são os quatro tipos que vamos explorar:

» agentes virtuais/automação robótica de processos (RPA, do inglês *Robotic Process Automation*);
» IoT;
» robótica;
» veículos autônomos.

Agentes virtuais/automação robótica de processos (RPA)

A RPA (ROUSE; ROSENCRANCE, 2020) e os agentes virtuais são usados para automatizar o que costumava ser tipicamente processo em papel, como pedidos de compra, registros contábeis e acionamentos de seguro. Estes normalmente são realizados atualmente com o uso de sistemas informáticos, às vezes com cópias em papel somente impressas por razões jurídicas, de *compliance* ou preferência do cliente.

A IA é usada em tais processos para automatizar o trabalho que pessoas fariam em computadores, tais como inserir detalhes sobre clientes em um sistema computadorizado de processamento de pedidos ou enviar uma cotação para um cliente. O agente humano é substituído por um agente artificial ou virtual para automatizar e executar o processo, em vez de usar IA, daí os dois nomes possíveis.

IoT

A IoT (SCHMELZER, 2019) refere-se à inclusão de sensores em todo tipo de dispositivo, de forma que as informações sobre ele possam ser trocadas com um sistema informático. Esse sistema pode executar algo com base no *status* do dispositivo, como aumentar a temperatura de um aquecedor se o sensor de temperatura de um cômodo ficar abaixo de um nível desejado, além de controlar o dispositivo em si, ajustando, por exemplo, o tempo de semáforos, de acordo com o volume do tráfego.

Esses dados são transmitidos por meio de redes com ou sem fio e, muitas vezes, pela internet. Como esta é usada para conectar dispositivos, e não computadores, isso é descrito como Internet das Coisas, sendo as *coisas* os dispositivos conectados.

A inteligência envolvida está na forma como os dados dos dispositivos são processados e em como as decisões são tomadas a respeito das ações a serem feitas. As decisões e as ações mais simples não requerem inteligência alguma e são baseadas em um conjunto de regras pré-definidas contidas em um programa de computador. Quando as decisões se tornam mais complexas ou ambíguas, especialmente se houver várias opções válidas que precisem ser avaliadas e comparadas, exige-se inteligência. Estas então deixam de lado o uso de programas tradicionais de computador, e, no lugar, usam algoritmos de IA para tomar as decisões.

Robótica

Robótica (MARR, 2019) é a presença de inteligência em maquinaria mecânica que se movimenta fisicamente. A maquinaria pode permanecer em um local, com o movimento acontecendo dentro da máquina, como uma perfuradora com IA que use diferentes configurações para distintos produtos e componentes, mas pode envolver também a movimentação da máquina sob o controle de IA, como aspiradores-robô ou os mordomos-robô que vemos em obras de ficção científica.

A IA é usada para decidir que parte da máquina deve se mover, e como o fará. Por exemplo, o ajuste de profundidade em uma perfuradora, o quanto o aspirador deve se deslocar antes de começar a limpar, ou onde o mordomo-robô deve buscar um copo de cerveja para servir a uma pessoa.

A robótica não diz respeito somente a robôs como vemos nos filmes; é uma automação inteligente que envolve movimentos de qualquer tipo.

Veículos autônomos

Veículos autônomos (TWI, 2019) são capazes de se mover, mudar de direção e parar sem envolvimento humano. Os carros autônomos são os exemplos mais avançados. Mas as fábricas também contêm empilhadeiras que carregam cargas para outros lugares, e existem muitos outros exemplos industriais que são menos glamorosos do que os carros autônomos.

Veículos autônomos não são somente exemplos de automação inteligente, mas ecossistemas completos de sensores de IoT, robótica, visão computacional e análise.

Aplicando os seis conceitos à automação inteligente

Conceito 1: a automação inteligente precisa de problemas bem definidos, com delimitações específicas

Cada exemplo de automação inteligente descrito anteriormente cobre um tipo ou um conjunto de problemas de ANI e não pode ser usado para resolver um contratempo diferente sem adaptações. Por exemplo, um processo de acionamento de seguro precisa ser definido claramente antes que a RPA possa ser aplicada a ele. Essa solução por RPA não pode ser destinada a entradas contábeis em um sistema de contabilidade. Da mesma forma, a IA que controla uma perfuradora industrial que use dados de sensores da IoT não pode simplesmente ser aplicada a um torno mecânico na mesma linha de produção. Existe uma pequena exceção para a robótica e os veículos autônomos, em que o robô ou o veículo podem fazer várias coisas que são capazes de ser automatizadas com o uso de IA. Nesses casos, cada uma dessas atividades automatizadas é um problema separado de IA, com sua própria definição e escopo. O robô ou veículo como um todo pode, portanto, realizar várias atividades automatizadas diferentes usando a IA, cada uma delas sendo IA estreita.

Conceito 2: a inteligência na automação implica a presença de pelo menos uma das oito características

A automação inteligente usa raciocínio para entender o que fazer e pode utilizar mobilidade/manipulação se as ações envolverem movimento. Haverá outras envolvidas nos veículos autônomos e na robótica, mas não necessariamente como uma atividade central.

Conceito 3: as atividades de automação inteligente normalmente resultam de várias outras tarefas menores, nem sempre todas inteligentes

Na prática, existe uma grande diversidade entre os diferentes tipos de atividades que podem ser automatizadas com o uso de IA, mas elas podem invariavelmente ser decompostas em uma série de condições, decisões e ações. Os princípios de IA por trás desse tipo de inteligência são similares entre as aplicações, mas mudam de forma significativa na maneira como são aplicados.

Pode haver muitos níveis de decomposição para desmembrar um processo grande em etapas na forma condição/decisão/ação, e estas precisam então ser reconstituídas em uma atividade geral maior. O exemplo do robô humanoide feito para andar divide-se na operação automática de vários motores individuais em seus pés e pernas, para criar a atividade geral de dar vários passos. Como mencionado, provavelmente haverá outras atividades envolvidas também, algumas delas inteligentes, como a visão computacional, para garantir que o robô não esbarre em algum obstáculo.

Conceito 4: *os dados são o combustível da automação inteligente*

Os dados envolvidos na automação variam de acordo com a atividade que está sendo automatizada, mas normalmente são óbvios em cada situação. Por exemplo, a inserção automática de um pedido em um livro-razão requer itens de dados na fatura e dados sobre as regras de inserção. Enquanto isso, freios de acionamento automático em um carro demandam dados sobre o veículo, seu entorno e as regras para a frenagem (dados de velocidade do carro, dados visuais sobre a presença de outros veículos e pedestres, dados matemáticos sobre distâncias de frenagem, e assim por diante).

Os dados que fazem parte da IoT, robótica e automação de veículos geralmente envolvem maiores volumes e complexidades. A RPA também pode incluir enormes volumes, mas estes são tipicamente mais simples na forma, e o processamento é menos complexo. Os volumes de dados dizem respeito ao número de transações sendo processadas e de sensores de IoT e frequência de retroalimentação de dados de dispositivos ou decisões requeridas de condução de veículo. Gera desafios, mas normalmente não apresenta tantas dificuldades quanto outros tipos de automação.

*Conceito 5: as atividades de automação inteligente podem ser representa-
das com o uso de linguagem matemática*

A matemática usada para representar processos de RPA é relativamente simples, se comparada a muitos outros tipos de IA. Fluxogramas elementares podem ser suficientes para descrever processos, até mesmo complexos, e são fáceis de representar em forma matemática e programas de computador. Quando um processo tem muitas condições para testar e opções de escolha, o fluxograma que o descreve pode ser grande, mas a matemática envolvida não se torna muito mais desafiadora, só mais ocorrente. Para os processos mais complexos, podem ser necessárias uma matemática mais avançada e técnicas estatísticas para lidar com os enormes números de permutações de decisões, caminhos e resultados.

Na automação da IoT, os *outputs* e decisões nos processos dizem respeito aos dispositivos, e isso também não é complicado de se representar. Os fluxogramas ainda funcionam amplamente para retratar o processo a ser automatizado, mas com notações extras para representar os dispositivos, o que por sua vez leva a diferentes formas de matemática. Para sensores e dispositivos mais complexos, pode de fato ser necessária uma matemática igualmente mais complexa para lidar com os sinais que são processados, mas ainda assim isso não costuma apresentar grandes desafios. E assim como com a RPA, para processos muito complexos há a necessidade de matemática e técnicas estatísticas adicionais para lidar com os números enormes de combinações a serem considerados.

Tanto a robótica quanto os veículos autônomos envolvem movimentos controlados por IA, que são representados por coordenadas e setas entre eles, podendo ser convertidas em notação matemática de forma relativamente simples. A dificuldade surge quando há muitos movimentos acontecendo, sendo calculados e instruídos, em razão do tamanho e do número de cálculos que precisam ser feitos quase que instantaneamente para controlar os movimentos. Assim como com a RPA e a IoT, técnicas avançadas de matemática e estatística são usadas para ajudar a executar esses cálculos de forma eficiente o suficiente para serem úteis. Por exemplo, uma vez que uma provável colisão iminente é identificada, os cálculos necessários incluem a avaliação sobre a ação mais eficiente para evitá-la, entre a frenagem emergencial ou a mudança brusca de direção.

Conceito 6: a automação inteligente repete pequenas tarefas muitas ve-zes, com diferentes dados, para encontrar o resultado certo, que normalmente alimenta uma atividade maior

Com a RPA, não há a mesma ênfase que se vê em outras formas de IA para encontrar respostas *certas* e *erradas* a partir de muitas réplicas potenciais diferentes. Isso porque a maioria dos processos típicos da RPA é construída sobre conjuntos de regras lógicas, então encontrar as *melhores* respostas não surge tão frequentemente ou da mesma forma. Isso ocorre na realização dos cálculos necessários para o processo de RPA, mas geralmente eles envolvem uma forma diferente de IA, como análise ou predição. Um exemplo é o uso da análise com IA para calcular um prêmio de seguro como parte da execução automática de um processo de cotação de seguro.

Com a IoT, a robótica e os veículos autônomos, a automação inteligente será tipicamente mais complexa, porque o escopo de dados a serem trabalhados se torna progressivamente mais amplo nas três áreas, e potencialmente mais ambíguo. Com a elevação da complexidade das circunstâncias, determinar a coisa *certa* e *errada* a se fazer torna-se mais difícil. Quando isso acontece, as técnicas de IA que envolvem a repetida consideração e avaliação da melhor dentre as muitas escolhas possíveis se tornam mais importantes.

COMO ENSINAMOS AS MÁQUINAS A *APRENDER*

O último tipo de inteligência de máquina que vamos descrever é o AM, que é a capacidade de uma máquina melhorar o que faz ao longo do tempo, com base em resultados passados.

O AM funciona aplicando-se na IA uma premissa que as crianças costumam aprender na escola: "A prática leva à perfeição". O processo envolve um computador que repete um segmento de atividade inteligente muitas vezes, ajustando a atividade a cada vez, até que os resultados melhorem. Diferentes tipos de AM usam distintos tipos de ajuste e de avaliação. Como fizemos anteriormente, nosso ponto de partida é analisar o equivalente humano da versão artificial.

Como os humanos aprendem a melhorar

Em vez de explorar a teoria da educação ou a neurociência, ficaremos com o bom senso e com a experiência cotidiana. Normalmente, quando executamos uma tarefa pela primeira vez, como aprender a multiplicar ou a cozinhar, sabemos se temos o resultado certo; o professor corrige ou elogia, a comida fica boa ou ruim. Então, uma parte crucial do aprendizado é um retorno ou *feedback* de como estamos nos saindo.

O AM precisa de um mecanismo equivalente de *feedback*, alguma forma de o computador saber quais de suas tentativas de executar a atividade designada estão corretas. Ele também precisa perceber o quanto suas tentativas erradas se aproximaram do correto. Por exemplo, o reconhecimento de fala do PLN só vai melhorar por meio do AM se um alto-falante inteligente tiver uma maneira de saber quais palavras ele entendeu, e o quanto as tentativas erradas se aproximaram do correto.

Agora vamos examinar o que um humano faz com esse *feedback*. A principal tarefa é decidir o que mudar para melhorar o resultado. Esse é o ponto crucial do AM e explica sua dependência dos dados: as máquinas aprendem analisando quantidades enormes de dados sobre seu próprio desempenho.

Na maior parte das situações que envolvem aprendizado humano, nós usamos *feedback* sobre resultados incorretos para entender o que fazer de forma diferente. Se for um erro de multiplicação, nós nos esforçamos mais para lembrar a tabuada que erramos; se for uma comida que ficou ruim, tentamos entender o que deu de errado e quanto, se foi excesso de cozimento ou se faltou sal. Avaliamos uma variedade de fatores para isolar a melhoria específica necessária, depois tentamos novamente com uma mudança que cuide dela. Avaliar os fatores certos, e mesmo entender quais devem ser considerados, depende de nosso entendimento de como funciona a atividade, e de nossa experiência em melhorá-la. Por isso, professores e treinadores conseguem nos ajudar a aprender mais rápido.

Como as máquinas aprendem a melhorar

Para melhorar, uma máquina precisa de uma estratégia equivalente a fim de obter *feedback*, avaliar seu grau de exatidão e suas opções para aperfeiçoamento. Uma vez que ela recebe *feedback* sobre o resultado de alguma tentativa, começa a aprender ao repetir cada etapa da atividade de todas as formas possíveis. Ela avalia os prováveis resultados de cada fase seguinte possível que poderia efetuar de forma diferente, processando todas as etapas seguintes possíveis até que encontre uma que dê a melhor resposta.

Uma abordagem do AM, por exemplo, para reconhecer uma letra em uma página poderia ser compará-la com cada letra do alfabeto, e estabelecer uma pontuação a cada vez, de acordo com o quanto ele se aproxime do correto. A pontuação seria um cálculo matemático feito pela IA, que compara a representação matemática da imagem-alvo com uma representação similar de cada letra do alfabeto.

Ao contrário dos humanos, um computador não *sabe* inicialmente quais são as etapas disponíveis com maior chance de ter sucesso, então precisa tentar todas elas. Ele rejeita aquelas que dão um resultado pior e reconhece as que dão um resultado melhor; é por isso que os dados são tão importantes no AM. Se a IA está buscando a melhor forma de mudar como executa cada etapa de uma atividade para aperfeiçoá-la, ela precisa de dados para cada tentativa diferente de cada fase. Uma vez que ela encontra algo que parece ser uma melhora, precisa repetir aquilo um número suficiente de vezes para ter certeza de que se trata de fato de uma melhora, e não somente um feliz acaso ou uma coincidência.

Tentativa e erro aleatórios como estratégia de aprendizado

Uma abordagem ligeiramente desesperada por parte de um humano para aprender pode ser por tentativa e erro aleatórios. Normalmente, não é assim que as pessoas tentam melhorar em algo que elas não fazem muito bem, mas, se for algo que não conseguimos entender de verdade, podemos recorrer à tentativa de mudanças aleatórias.

Para os humanos, isso raramente funciona senão por sorte, e, em geral, revela-se um exercício frustrante. No entanto computadores não sentem frustração e conseguem executar tarefas de uma forma muito rápida, então a tentativa e o erro aleatórios podem ser viáveis. O exemplo do OCR teoricamente seria um bom candidato para tal, porque o aprendizado consiste simplesmente em comparar imagens de cada letra na página com 26 imagens iniciais de referência de letras do alfabeto. Com cada acerto, o computador terá mais um exemplo do que cada letra aparenta ser, digamos, em diferentes fontes e estilos. Isso aumentará o número de imagens de referência para comparação, e dessa forma aumentará o equivalente em IA à confiança em futuros acertos. Em outras palavras, ele aprenderá a reconhecer melhor as letras.

Estratégias de aprendizado melhores do que tentativa e erro aleatórios

A estratégia de tentativa e erro como aprendizado funciona caso saibamos se cada tentativa é melhor ou pior do que as anteriores e pudermos então selecionar aquela que foi a melhor de todas. É muito ineficiente, porque não saberemos qual a melhor opção disponível até que tenhamos avaliado todas elas.

Para acelerar o aprendizado, existem técnicas matemáticas que reduzem o número de tentativas necessárias para obter melhoras. Estas levam às três maneiras comuns de criação de sistemas de AM, cada uma com seu próprio nome: supervisionado; não supervisionado; e por reforço. Cada uma funciona melhor para tipos específicos de problemas e dados. Existe também uma quarta versão chamada aprendizado por transferência, que é uma variação dos três.

Aprendizado supervisionado

O aprendizado supervisionado (TALABIS *et al.*, 2015) em AM é como ter um professor dando notas a cada uma de suas respostas enquanto você trabalha, de forma que você possa ir continuamente ajustando sua tarefa remanescente para melhorar suas notas.

Um aluno humano nessas condições checaria cada resposta no decorrer do processo, para se certificar de que estivesse abordando as questões de forma correta. Mas ele logo passaria a consultar as respostas para perguntas em relação às quais não tem certeza. Em outras palavras, uma vez que tivesse confiança em sua compreensão sobre a resolução de cada tipo de pergunta, ele não gastaria mais tempo checando-a. Mas se essa confiança se reduzir, digamos, para um novo tipo de problema, ele voltaria a consultar as respostas até que entendesse como resolver o novo tipo de problema com confiança.

O equivalente no AM consiste em fornecer à IA um conjunto conhecido de dados juntamente aos resultados corretos da execução de uma atividade com eles. São os chamados dados de treinamento, e devem ser representativos do tipo de dados que serão usados em situações reais. A IA executa a atividade da forma como foi projetada com os dados de treinamento, ajustando e refinando a forma como executa as etapas individuais até que obtenha uma porcentagem aceitável de acertos, e depois usará essas etapas melhoradas em qualquer novo dado. A IA agora foi *treinada*, e trabalhará de uma forma melhor do que foi originalmente projetada, para dados comparáveis com seu treinamento.

Exemplo: aprendizado supervisionado em câmeras de trânsito

Para levarmos o conceito do abstrato para o concreto, usaremos um exemplo da visão computacional; não o OCR dessa vez, mas câmeras de trânsito. Como de costume, vamos decompor a atividade em etapas, escolher uma tarefa menor que requeira inteligência (neste caso, visão computacional) e observar como o AM poderia ser usado para esse segmento da IA como um todo.

A atividade humana inteligente a ser executada por IA nesse caso é monitorar uma câmera de trânsito, localizar acidentes, engarrafamentos ou outros incidentes, e tomar medidas apropriadas, como informar a polícia ou alterar o limite de velocidade em algum lugar para reduzir o fluxo de tráfego na direção do congestionamento.

Muitas etapas são necessárias, e várias delas são inteligentes, como por exemplo: distinguir veículos dos pedestres; discernir entre dois carros parados em um engarrafamento e dois que tenham colidido; ou ser capaz de detectar quando o trânsito do horário de pico tenha passado de aceitavelmente pesado para um volume anormal que requeira intervenção.

O exemplo do aprendizado supervisionado é o primeiro desses: localizar os carros em uma imagem. Fácil e óbvio para um humano, mas surpreendentemente difícil para um computador. Começa-se criando alguma lógica dentro do algoritmo de IA que instrua o sistema de câmeras de trânsito como localizar um carro em uma imagem. O AM supervisionado é usado então para treinar tal sistema, mostrando a ele várias fotos reais de carros, de forma que ele possa ajustar e melhorar o algoritmo e outras etapas de visão computacional. O treinamento termina quando as câmeras conseguem reconhecer carros nos dados de treinamento com precisão suficiente para um gerenciamento de trânsito na vida real.

A chave para esse aprendizado são os dados de treinamento; nesse caso, um conjunto de imagens de carros de verdade em estradas reais. A característica crucial dos dados de treinamento é que eles precisam ter as respostas corretas, neste caso, imagens de carros identificadas e rotuladas. Normalmente elas vêm na forma de caixas desenhadas em torno de cada carro na imagem, rotulada com a palavra *carro*, e talvez seu modelo e fabricante. Outros objetos, como pessoas e postes de luz, podem ser identificados da mesma forma. (Não há diferença relevante para o exemplo se as imagens são estáticas ou um vídeo.)

Uma parte do algoritmo descreveria como são os carros genéricos, incluindo características como formatos e tamanhos, presença de rodas, janelas e assim por diante. Como sabemos, a linguagem usada para essa descrição é matemática, mais do que um idioma. A IA consegue comparar essa descrição matemática de um carro genérico com uma descrição matemática equivalente de qualquer outra imagem, e quantificar a proximidade de sua correspondência. Em outras palavras, ela pode dar a si mesma uma *pontuação* pela probabilidade de qualquer imagem nos dados de treinamento ser um carro.

O aprendizado supervisionado acontece durante o treinamento, quando o sistema de câmeras de trânsito compara sua pontuação calculada da probabilidade de algo ser um carro com o rótulo que diz se foi isso. Quando errar a resposta, ele fará ajustes em sua descrição matemática de um carro ou em como ele compara descrições, para melhorar sua acurácia. A habilidade dos cientistas de dados está na sofisticação e na escolha de técnicas de AM usadas para fazer esses ajustes, cujos detalhes não são relevantes aqui. O que importa é que, até o final do treinamento, o uso de imagens rotuladas de carros tenha melhorado a descrição original de um carro e a maneira como ele é comparado com novas imagens, de modo que o sistema detecte carros de forma mais confiável.

Pode parecer que a ideia se resuma a identificar diferentes modelos de um carro, mas na verdade é algo bem mais complicado. Um desafio para o designer de IA nesse exemplo é lidar com imagens incompletas, como carros vistos de diferentes ângulos ou parcialmente em virtude de obstáculos.

Assim como na maioria dos exemplos usados, essa descrição de aprendizado supervisionado foi simplificada para fins de clareza, a ponto de não ser mais estritamente precisa. Essa é uma decisão consciente, para que os conceitos e as ideias possam ser ilustrados de forma mais acessível.

Aprendizado não supervisionado

Já vimos que o AM usa essencialmente o *feedback* sobre a exatidão de um resultado, com base em grandes quantidades de dados conhecidos, para melhorar a forma como uma atividade inteligente é executada.

O aprendizado não supervisionado (MAINI, 2017) é uma versão disso, sem um *feedback* diretamente disponível, porque não existem exemplos adequados de resultados corretos. A razão pode ser o fato de não sabermos o que estamos procurando, ou talvez o fato de não haver disponível um número suficiente de dados de treinamento rotulados com as respostas *corretas*.

Existem muitos exemplos práticos na primeira categoria. Se não sabemos exatamente o que procuramos, então não é possível usar o aprendizado supervisionado, pois ignoramos como seria uma resposta *certa*. Por exemplo, se temos clientes em uma loja on-line com um histórico de compra de roupas conosco, além de informações pessoais sobre eles, como perfil demográfico, profissão e assim por diante, podemos querer saber as características de clientes que provavelmente comprariam produtos específicos. Como não sabemos quais são essas características, não é possível usar o aprendizado supervisionado, uma vez que não há como rotular dados de treinamento. Podemos, então, usar o aprendizado não supervisionado para entender o que são essas características.

O aprendizado não supervisionado funciona com a análise dos dados sobre o problema que estamos tentando resolver e a busca de padrões, associações e exceções, para encontrar possíveis respostas às questões que tentamos responder. Com o aprendizado não supervisionado, portanto, a intervenção humana pode ser necessária para dar um sentido às possíveis respostas.

No exemplo do comércio eletrônico apresentado anteriormente, vamos supor que quiséssemos descobrir que tipo de clientes compram saias vermelhas, para promovê-las a clientes similares com um provável interesse nelas. O sistema de aprendizado não supervisionado processaria todos os dados disponíveis sobre todos os clientes que já tivessem comprado saias vermelhas anteriormente e procuraria padrões e associações. Ele poderia descobrir que a maior parte deles são mulheres, a maioria comprou várias outras peças de roupa vermelha e muitas saias. Até aqui, nenhuma surpresa. Mas ele também poderia descobrir algo inesperado, como um número desproporcionalmente alto de clientes que trabalhem na indústria do turismo ou tenham o cargo de *executivo sênior*, ou ainda que vivam em Liverpool e listem o futebol entre seus interesses. Não há como saber imediatamente se esses são *insights* ou coincidências, e eles certamente não nos contam que inferências significativas deveriam ser feitas.

Um humano poderia pegar esses resultados e aplicar algum julgamento a eles ou fazer mais investigações, como uma pesquisa de satisfação do cliente. Mas o sistema de IA não tem essa opção. O que ele pode fazer é repetir o exercício com mais dados, sejam dados de treinamento novos para usar durante o desenvolvimento, sejam novos dados obtidos com o uso, como compras mensais. Ao fazer isso, o aprendizado não supervisionado pode encontrar muitos novos exemplos para confirmar um padrão anterior, como o de clientes que trabalhem na indústria do turismo terem maior propensão a comprar saias vermelhas.

O objetivo do exemplo não é mostrar essas respostas como plausíveis ou úteis, mas, sim, ilustrar como o AM pode ser usado para gerar respostas objetivas a perguntas que os humanos não conseguem responder com segurança.

Aprendizado por reforço (conhecido também como semissupervisionado)

O aprendizado por reforço (OSINSKI; BUDEK, 2018) é uma variação do aprendizado não supervisionado baseada na abordagem *recompensa e punição*. É diferente dos outros dois tipos de AM porque não se concentra nos resultados da atividade de um indivíduo como certos ou errados, mas, sim, no resultado geral de uma série de atividades. Ele usa o equivalente informático à lógica de recompensas e punições para alterar as escolhas de um indivíduo feitas durante um conjunto completo de atividades.

O objetivo é que a aplicação de IA aprenda com o tempo a combinação mais eficaz de atividades para obter o resultado geral ótimo, ajustando continuamente etapas individuais e em grupo para manter ou melhorar esse resultado maior. Por exemplo, se for usado para criar uma IA que jogue xadrez, o aprendizado por reforço configuraria a vitória na partida como o resultado ótimo. Os resultados imediatos, ou seja, as jogadas individuais, seriam recompensados ou punidos com base em sua contribuição na derrota ou na vitória, não se uma jogada específica foi boa no curto prazo, como a captura de uma peça de baixo valor em vez de uma peça de alto valor.

É um tanto sem graça, mas as recompensas e punições nesse contexto significam simplesmente uma indicação numérica do provável sucesso de toda a partida; as recompensas elevam-na, ao passo que as punições a diminuem.

Para avaliar cada jogada em termos do melhor resultado final, o sistema de AM usa um grau de tentativa e erro. Ele tenta muitas variações, talvez todas as possíveis, de cada etapa individual na atividade maior (a partida inteira), e começa a favorecer aquelas que lhe dão os melhores resultados no final (a vitória).

O aprendizado por reforço não é tão conhecido quanto as outras formas de AM, mas suas aplicações são comuns. A mais óbvia, dada a descrição citada, é ensinar a IA a jogar. Quem já ouviu falar na teoria dos jogos também poderia esperar, com razão, que o aprendizado por reforço tenha o potencial de ajudar a resolver outros problemas que possam ser *gamificados*. Entre os exemplos estão o mercado de ações, o posicionamento e a precificação de anúncios e até mesmo as pesquisas médicas.

Por ora, vamos concluir esta seção sobre o AM, analisando como os cientistas modelaram técnicas avançadas de AM tendo como base o cérebro humano. Isso nos leva a dois termos de IA amplamente usados: aprendizado profundo e redes neurais.

Aprendizado profundo

O aprendizado profundo (LECUN; BENGIO; HINTON, 2015) é um conjunto de técnicas de AM que ajudam a encontrar respostas mais precisas e sofisticadas a perguntas de AM. Ele pode ser usado para modelos supervisionados, não supervisionados e semissupervisionados.

A ideia principal por trás do aprendizado profundo é decompor o processo de aprendizagem em uma série de etapas, representando cada fase de aprendizagem como uma *camada* conectada de processamento. Cada camada funciona em uma parte diferente do problema completo e torna sua resposta disponível para as outras camadas. O resultado geral de toda a atividade é obtido com a combinação das diferentes respostas das distintas camadas.

Essas camadas normalmente são ilustradas como físicas em um diagrama, mas deve ficar claro que esse não é um retrato literal e que elas são programas de computador. Cada camada é um conjunto de regras e instruções para executar cálculos sobre os dados, e o resultado desses cálculos é o *output* da camada. A razão para o nome aprendizado *profundo* é que pode haver muitas camadas envolvidas, sendo de oito a dez um número comum.

Podemos retornar ao OCR para uma ilustração hipotética e deliberadamente supersimplificada de aprendizagem profunda. O OCR é feito com o uso de aprendizagem profunda, mas a forma como é feito na prática hoje é mais complexa do que a descrita a seguir.

Em termos técnicos, a IA executa o OCR detectando o texto em uma imagem (por exemplo, distinguindo entre texto; imagens; elementos decorativos, como bordas; e outros itens, como borrões), e depois identificando o que for detectado (por exemplo, reconhecendo letras e palavras). Vamos focar na primeira parte, que é a detecção do texto.

Assim como todos os exemplos do tipo, ele é construído sobre a ideia de que o AM envolve um conjunto de regras e instruções para atingir um resultado, de que ele usa o *feedback* para melhorar essas regras e instruções, e de que o aprendizado profundo consiste de várias camadas, sendo que cada uma executa uma pequena etapa da atividade do AM como um todo.

Então, para usar o aprendizado profundo para detectar texto, começamos desmembrando essa atividade em pequenas etapas, neste caso três, e usamos uma camada separada de aprendizado profundo para executar cada etapa. A primeira camada (lembre-se, é um programa de computador) examina todas as partes escuras da imagem (por exemplo, dados que representam o texto impresso e qualquer outra marca na página), e determina onde estão os limites, usando regras apropriadas e instruções criadas quando foi projetado. Ela precisa então dizer à próxima etapa (camada) onde estão esses limites. Para fazer isso, ela deve representar essa informação de uma forma que o programa de computador da próxima camada consiga receber e processar.

O *output* da primeira camada é, portanto, um conjunto de dados matemáticos, que, por sua vez, são o *input* da camada seguinte, com a descrição das localizações de todos os segmentos de escuridão na imagem, incluindo os limites.

O propósito da segunda camada é reconhecer as formas das partes escuras identificadas pela primeira. Ela faz isso usando um conjunto diferente de regras matemáticas e instruções, e representa a resposta usando uma linguagem matemática distinta. O *output* dessa camada é uma descrição matemática de formas e linhas, juntamente ao local onde elas estão (que foi fornecido pela primeira camada).

Isso, por sua vez, alimenta uma terceira camada de aprendizado profundo, que poderia ser projetada para associar as formas a letras e números e começar o exercício de atribuição de significado ao conteúdo da imagem. Então, quando chegamos à terceira camada, temos uma representação matemática de um conjunto de letras, que poderíamos ou gerar como resultado da atividade de OCR, ou processar adicionalmente como parte de uma aplicação mais sofisticada dele. Por exemplo, os designers de OCR poderiam incluir outras camadas ou inteligência para verificar a ortografia do texto identificado ou lê-lo em voz alta.

O que torna isso uma versão de AM, mais do que simplesmente IA, é o fato de que a lógica e os resultados de cada camada mudarão com o tempo, com base na acurácia de resultados anteriores. Então, cada camada em nosso OCR hipotético ficaria mais precisa ou mais rápida em detectar linhas e identificar formas, e o modelo como um todo ficaria melhor na identificação de letras em uma página.

Nós cobrimos o necessário a respeito de como funciona o aprendizado profundo. Agora é hora de encerrar a seção sobre o tema com a peça final de um jargão comum em AM: as redes neurais.

Redes neurais (artificiais)

As redes neurais (SCHMIDHUBER, 2015) são um conjunto de técnicas de computação que imitam grosseiramente o funcionamento de uma parte do cérebro humano e do sistema nervoso, usando uma versão artificial de um objeto biológico encontrado no cérebro, o neurônio.

O neurônio transmite informações pelo cérebro, e a versão artificial faz algo similar. É parte do aprendizado profundo porque os neurônios artificiais são usados para transmitir informações entre camadas de aprendizado profundo. Como são muitas camadas conectadas, e vários pontos em cada uma, as conexões podem rapidamente se tornar complexas. Por isso, os neurônios artificiais formam uma rede de conexões, dando origem ao nome rede neural, ou, para sermos mais precisos, rede neural artificial.

Existem mais de duas dúzias de tipos de redes neurais usadas no AM, mas basta aprender as três principais: FFN ou direta, recorrente e convolucional.

FFNs

As descrições e os exemplos de AM e aprendizado profundo neste capítulo foram todas sequenciais, no sentido de que a etapa executada em cada camada é sempre seguida da próxima. Não houve menção alguma de informação que seguisse de volta para uma camada que já tivesse completado uma etapa.

Esses tipos de redes neurais unidirecionais são chamados de FFN (SVOZIL; KVASNICKA; POSPICHAL, 1997) porque a informação que é passada de camada para camada por neurônios artificiais só segue para a frente (em inglês, *forward*). Isso é bom para muitos problemas de IA, mas não para todos.

Redes neurais recorrentes (RNN, do inglês Recurrent Neural Network*)*

As RNNs (SHERSTINSKY, 2020) envolvem *inputs* que são retornados para camadas que já completaram uma tarefa ou requerem que o resultado de uma camada seja usado mais à frente na atividade. Elas são necessárias para certos tipos de problemas, tais como processamento de faixas de áudio ou o reconhecimento de passagens de linguagem.

Uma pergunta que surge a respeito delas é como as camadas se *lembram* dos resultados de uma etapa para referências futuras. Para quem não pensa de forma técnica, isso pode não soar difícil, mas por muitos anos foi. Um grande avanço no aprendizado profundo foi o conceito de memória longa de curto prazo, proposto pela primeira vez no final dos anos 1990, que resolveu a questão.

A diferença entre as FFNs e as RNNs pode soar um tanto acadêmica, mas existe uma grande distinção prática. Por exemplo, ao usar AM para reconhecimento de fala, o significado de uma palavra dependerá da frase inteira na qual ela for usada, especialmente se ela tiver vários significados ou se existirem várias palavras que soem iguais. Então a IA que estiver tentando reconhecer uma palavra precisará saber (ou seja, lembrar) as que acabaram de ser ditas, para decidir qual será o provável significado correto. Uma FFN não conseguiria fazer isso.

Redes neurais convolucionais (CNN, do inglês Convolutional Neural Network*)*

Se você não for um matemático ou usuário de IA, as CNNs (IAN; YOSHUA; AARON, 2016) são um pouco complicadas de entender, porque o nome vem de um tipo específico de operação matemática chamada convolução. Em termos simples, é uma forma de entrelaçar dois segmentos de conjuntos de dados para criar uma terceira forma mais útil. Ela faz isso aplicando uma operação matemática específica da representação das duas fontes de dados.

Vale a pena conhecê-las, porque as CNNs transformaram o campo da visão computacional, permitindo que a IA reconhecesse sutilezas e sofisticação em imagens que antes eram impossíveis. Como resultado, a velocidade e a acurácia das aplicações de visão computacional aumentaram de forma significativa.

4 Transformando as empresas e a sociedade

"O MUNDO DO FUTURO SERÁ UMA LUTA AINDA MAIS ÁRDUA CONTRA AS LIMITAÇÕES DE NOSSA INTELIGÊNCIA, NÃO UMA REDE CONFORTÁVEL EM QUE PODEREMOS NOS DEITAR ESPERANDO SER SERVIDOS POR NOSSOS ESCRAVOS-ROBÔ."

NORBERT WIENER, matemático e filósofo pioneiro da cibernética

Este capítulo, como o nome sugere, trata do impacto da IA e do AM sobre o mundo ao nosso redor: em casa, no trabalho e sua adoção generalizada pela sociedade. O que será tratado aqui já está sendo usado comercialmente ou será em breve. Em outras palavras, já está fora dos laboratórios, sendo utilizado e rendendo dinheiro, ou muito próximo disso.

O foco poderia ter sido em saúde, educação, entretenimento ou muitas outras áreas. Mas deixemos que outros as descrevam; neste capítulo, você lerá a respeito da IA que se encontra em casa, em viagens e no trabalho.

DENTRO DE CASA

A aplicação de IA nas casas envolve as atividades relacionadas ao lar, como aquecimento e TV, e coisas que geralmente se fazem em casa, mas não são ligadas especificamente a ela. Isso inclui tarefas como *internet banking*, reservas de viagens ou ouvir música. Vamos nos concentrar no primeiro tipo aqui.

Em todos os exemplos de IA e AM vistos até agora, examinou-se uma atividade inteligente para aperfeiçoá-la, dividindo-a em tarefas inteligentes menores e pensando em maneiras de como as máquinas poderiam executá-las melhor. Para entender como a IA passou a fazer parte de nossos lares, pense em todas as atividades que fazemos. Fica evidente que, embora exista muita IA ao nosso redor, a maioria não é do tipo que intimida.

Grande parte dela se refere à automação de tarefas que requerem pensamento para serem executadas, mas nada que uma pessoa não consiga fazer sozinha caso realmente queira, como a assistência da IA no aquecimento ou na cozinha. Pode ser que façamos algumas delas mais lentamente que uma versão de IA, ou que optemos por não realizá-las sem a ajuda inteligente, mas a IA em casa, hoje, é adotada basicamente por conveniência. As exceções não são de fato bem difundidas comercialmente, mas serão tecnicamente possíveis de forma limitada em breve, como os robôs domésticos. Vamos começar, no entanto, com algo mais familiar e confortável para a maioria de nós.

Alto-falantes inteligentes e assistentes digitais

A primeira aplicação de IA que vem à mente para a maioria das pessoas é o alto-falante inteligente ou assistente digital. Os mais famosos são o Amazon Echo, o Google Home e o HomePod da Apple. Como explicamos antes, eles são uma combinação de hardware eletrônico, geralmente uma caixa de som equipada com microfones, com software de IA, cuja função principal é entender instruções faladas e responder a elas em voz alta. O software por trás desses dispositivos são a Amazon Alexa, o Google Assistant ou a Siri da Apple. A Microsoft também conta com um software similar, chamado Cortana, mas não produz seu próprio alto-falante inteligente.

Como é o caso de muitas aplicações e dispositivos com IA, seu poder reside em sua existência dentro de um ecossistema mais amplo de IA. Isso significa que há um conjunto de outros dispositivos e aplicativos, geralmente conectados sem fio, em que cada um faz uma só coisa ou um pequeno grupo de coisas, para que coletivamente o ecossistema tenha um conjunto amplo de funcionalidades. Entre os exemplos estão tevês e sistemas de aquecimento, que, assim como outros dispositivos e aplicações, podem utilizar IA, mas não necessariamente.

Normalmente, em tais ecossistemas um dispositivo coordena os outros, ou é o usuário que controla o dispositivo principal para dar instruções aos demais. Naquilo que costumam chamar de casa inteligente, casa conectada ou inteligente, é o alto-falante inteligente que normalmente faz esse papel. Portanto, embora a tarefa principal nominal de um alto-falante inteligente seja ser um leitor de música comandado por voz, a maior parte de sua inteligência é usada em seu papel de *hub* para outros dispositivos e aplicações, incluindo os que utilizam IA. Um Amazon Echo ou dispositivo similar poderia ser chamado, então, de alto-falante inteligente ou assistente digital, dependendo de como for usado.

Controlando outros dispositivos domésticos e aplicações

Como o software inteligente usado também aparece em outros dispositivos, como laptops, celulares e tevês, ocorre uma possível confusão a respeito dos alto-falantes inteligentes. Isso significa que qualquer dispositivo que contenha o software da Alexa, Google Assistant, Siri ou Cortana também pode ser usado como assistente digital. Entre as aplicações comuns de IA controladas por assistentes digitais, estão:

- » buscar informações na internet, como perguntas sobre viagens e clima;
- » executar transações simples on-line, como operações bancárias, chamar táxis e fazer pedidos de entrega de comida;
- » organizar tarefas domésticas, como lembretes de calendário e atualizações, listas de tarefas e alarmes;
- » controlar aquecimento, iluminação, ar-condicionado e cortinas;
- » operar aparelhos domésticos, como aspiradores, geladeiras e cafeteiras;
- » configurar e checar sistemas de segurança doméstica e monitores de bebês;

» entreter o usuário com jogos simples, piadas e conversas;

» fornecer entretenimento mais complexo, como encontrar e tocar músicas, filmes, programas de TV e jogos.

POR QUE OS ALTO-FALANTES INTELIGENTES NÃO SÃO TÃO INTELIGENTES QUANTO PARECEM

Vimos anteriormente que a maior parte da IA em um alto-falante inteligente se restringe ao PLN, a capacidade de se comunicar com pessoas a respeito de atividades domésticas utilizando a linguagem falada natural. A sofisticação desse PLN já é bastante avançada, mas continua sendo melhorada, assim como as formas de ser utilizado.

A Amazon, por exemplo, utiliza aprendizado profundo para aperfeiçoar a qualidade da fala, ensinando sua mais nova geração de dispositivos a formular frases completas antes de expressá-las. Anteriormente, a fala era gerada como uma palavra ou sílaba de cada vez, criando as familiares vozes mecânicas com entonação levemente entrecortada que conhecemos bem. O Google mostrou que seus dispositivos eram capazes de falar com uma voz personalizada, no lugar das padronizadas. Um exemplo inicial usou a voz de uma celebridade, o cantor John Legend.

Além de utilizar a IA para melhorar a qualidade da fala artificial, os alto-falantes inteligentes também estão aperfeiçoando o modo como são usados. Por exemplo, já existem campainhas inteligentes, com câmera e alto-falante conectados ao assistente digital. Antigamente, não eram formas particularmente inteligentes, pois simplesmente enviavam imagens em vídeo de quem estivesse à porta para um celular ou laptop, e permitiam que os usuários falassem com a pessoa pelo alto-falante e pelo microfone da campainha. Contudo novas versões de campainhas inteligentes serão treinadas para ter conversas curtas com os visitantes, utilizando a IA para entender de que tipo de pessoa se trata e oferecer diferentes sugestões, como pedir aos entregadores que deixem os pacotes na entrada da casa.

Embora pareça incrível, e de fato é, de uma perspectiva de IA isso não é nada especial. O assistente digital usa PLN por meio da campainha para se comunicar, e o mesmo tipo de inteligência é adotado em chatbots para decidir o que dizer. É um chatbot mais avançado do que os tipos básicos descritos anteriormente, mas, ainda assim, nada mais é do que um conjunto de regras sobre o que dizer em determinadas circunstâncias. Todos os outros exemplos de aplicações inteligentes além do PLN controladas por um alto-falante inteligente residem fora da caixa em si e são apenas acessadas por ela.

Onde reside a inteligência na IA doméstica

A maior parte das aplicações inteligentes domésticas listadas anteriormente usam IA básica para controle e operação. A inteligência na maioria dos dispositivos envolve:

» *percepção*: ter consciência de seu estado (por exemplo, se está ligado, desligado, com o volume alto), do ambiente ao redor (por exemplo, calor, frio, presença de pessoas) e instruções (por exemplo, ligar às 22h);

» *raciocínio*: seguir regras de acordo com as circunstâncias, como: ligar, desligar, aumentar e diminuir em diferentes horários, temperaturas e circunstâncias;

» *linguagem natural*: ouvir instruções e contar ao usuário quando algo digno de nota acontece, como o disparo de um alarme contra roubo.

Esses diferentes tipos de inteligência trabalham juntos para trazer mais conforto à casa, mas a inteligência em geral não é muito sofisticada. Por exemplo, sistemas inteligentes de aquecimento basicamente aumentam ou diminuem a temperatura dos radiadores, dependendo de instruções, temperatura ambiente, uma programação ou um evento (como alguém que chega em casa inesperadamente). O mesmo se aplica à maioria das funções controladas em casa por um assistente digital. Para uma IA mais avançada nas residências, precisamos focar em como o assistente digital utiliza a inteligência em aplicações a que está conectado, geralmente por meio da internet. Esses são serviços que normalmente também podem ser acessados com o celular, laptop ou tablet.

Um exemplo óbvio é quando se chama um táxi com o alto-falante inteligente, que traduzirá o pedido de um carro dentro de dez minutos para ir ao aeroporto em uma solicitação on-line feita por meio de um aplicativo ou um site de táxis. Uma quantia imensa de IA é utilizada para fazer o táxi mais próximo receber as instruções, confirmar a corrida, encontrar o endereço e depois o aeroporto, e ainda estimar quando chegará para buscar o passageiro e levá-lo ao seu destino. Só que nada disso fica no alto-falante, ou mesmo em casa. Tudo é feito pelas aplicações inteligentes na empresa de táxi ou no automóvel. A única IA usada diretamente é o PLN, para dizer ao alto-falante o que você deseja, e um pouco de inteligência para que ele saiba qual empresa de táxi usar, e o que pedir exatamente.

Uma grande exceção de IA muito sofisticada dentro de casa é o uso potencial (mas ainda não muito comum) da robótica. Como acontece com outras formas de IA, a realidade atual é a versão estreita, que já é em si uma indústria multimilionária.

ASPIRADORES-ROBÔ

O exemplo mais conhecido de robótica atualmente disponível para as casas é o aspirador-robô, que utiliza sensores e diferentes graus de inteligência para limpar aposentos sem intervenção ou mesmo presença humana. Uma tecnologia similar tem sido aplicada aos cortadores de grama, que aparam jardins automaticamente, e até identificam ervas daninhas. Os modelos básicos não são particularmente eficientes, mas os mais avançados estão começando a usar a IA de modo mais eficaz e melhorando a cada repetição de seu desenvolvimento. O modo como aspiradores com IA devem trabalhar é uma combinação de:

» mobilidade e manipulação para deslocar o dispositivo pelo espaço;
» percepção para descobrir o tamanho e o formato do espaço, desviar de obstáculos e mudar as configurações para pisos de diferentes materiais;
» planejamento ou capacidade de resolver problemas para calcular o melhor jeito de limpar cada parte do aposento antes que descarregue a bateria.

Eles ainda não usam IA tão bem dessa forma, mas o farão em breve (KHAN; ASGAR, 2009), e alguns fabricantes já descrevem suas máquinas mais sofisticadas como capazes de alguma versão desse conjunto. Veremos como será na prática, quando a IA tiver sido refinada e os pequenos problemas, resolvidos.

Quando o aspirador-robô é colocado em um novo aposento, ele primeiro aprende sozinho sobre o local, movendo-se pelo espaço, usando sensores e algum grau de tentativa e erro, para encontrar as paredes, obstáculos, tapetes e assim por diante. Ele utilizará essas informações para criar um mapa digital do cômodo, e então calcular como cobrir toda a área, o tempo que levará e se será necessário recarregar a bateria para terminar o trabalho. Ele começará a limpar o aposento pela primeira vez, cobrindo cada uma das partes de acordo com a rota planejada; uma vez que tenha sido bem-sucedido, ele se lembrará do local no futuro, e usará um AM muito simples para manter-se a par de alterações como novos obstáculos. Os fabricantes estão trabalhando em uma IA mais avançada com o uso de visão computacional, para identificar obstáculos e até o tipo de sujeira, de modo que o aparelho desvie caso encontre algo molhado e mole, em vez de espalhar o resíduo pelo cômodo.

Essa descrição se situa, de alguma forma, entre o que se encontra à venda hoje e o que estará disponível em breve. No momento em que você estiver lendo isto, a situação já pode ter mudado. Mas espero que fique claro, a partir do exemplo, que esse não é um problema de IA muito difícil de se resolver, o que deve ocorrer em breve, por meio de uma combinação de desenvolvimento dos fabricantes e avanços no hardware.

Um problema de IA muito mais interessante e desafiador a respeito de robótica nas casas é a criação de versões na vida real do tipo de robô assistente que há anos se vê nos filmes.

Mordomos-robô

Lemos sobre robôs humanoides na ficção desde a Era Vitoriana, e até antes, mas foi só a partir dos anos 1960 que eles se tornaram uma imagem familiar, trazidos à vida nas pequenas e grandes telas. Portanto já temos expectativas a respeito de robôs domésticos, por termos visto tantos exemplos ficcionais (WEBB, 2020).

Do C-3PO de *Guerra nas estrelas* ao J.A.R.V.I.S. do *Homem de ferro*, sistemas de IA em forma humana mecânica tornaram-se famosos, incluindo versões não tão bem intencionadas como nos filmes da série *O exterminador do futuro*. O que caracteriza esses personagens como ficção, sem possibilidade de figurarem no mundo real tão cedo, é a demonstração completa de AGI, e, até mesmo, de superinteligência.

De tempos em tempos, vemos notícias sobre alguma nova versão de laboratório de um robô com aspirações a tal comportamento. Mas, por mais impressionantes que sejam (e alguns são incrivelmente impressionantes), nenhum chega perto das expectativas que Hollywood criou para a inteligência artificial geral.

Já a inteligência artificial estreita em forma robótica é uma história diferente. Se você alguma vez fez uma refeição acompanhada de uma cerveja em um restaurante Yo Sushi (DENNYS, 2019), é possível que ela tenha sido servida a você por um robô – uma geladeira motorizada e falante sobre rodas. E se você já pediu um lanchinho ao serviço de quarto do Vdara Hotel em Las Vegas, foram provavelmente cães-robô chamados Fetch e Jett (FELDBERG, 2018) que levaram o pedido até seu quarto. São exemplos de dispositivos robóticos que executam atividades específicas de forma inteligente e estão disponíveis hoje. Um aspirador de pó robótico é um robô de IA estreita, apenas sem forma humana.

Não será tão cedo que teremos mordomos-robô com inteligência artificial geral nos servindo em casa. Mas mordomos-robô com inteligência artificial estreita para executar atividades específicas de forma automática já são uma realidade, e criar novos tipos com os níveis atuais de tecnologia de IA e robótica não é um grande desafio técnico. Eles são possíveis para qualquer tarefa doméstica que envolva detecção, deslocamento e manipulação simples. Se o mercado for grande o bastante para trazer dinheiro com sua venda, alguém financiará sua produção e ao menos tentará comercializá-lo.

As empresas líderes nessa área são um mix interessante, que reflete as diferentes perspectivas envolvidas. Empresas automotivas como a Honda (2020) e a Hyundai (2020) são ativas no trabalho com robôs, bem como fabricantes de computadores, como a Asus (2020). Temos ainda as especialistas em automação e eletrodomésticos, como a Samsung (2020). E, por fim, as empresas especializadas em robótica, como a Hanson (2018), criadora da Sophia, a primeira celebridade com IA.

Empresas como essas são pioneiras no uso de IA nas casas e estão buscando um ecossistema de IA muito mais sofisticado. O resultado de seu trabalho serão casas inteligentes, controláveis por dispositivos muito mais inteligentes que os atuais. Dependendo do quanto formos abertos a mudanças, é possível que um robô doméstico seja uma de nossas opções para a versão futura do alto-falante inteligente.

ANDANDO POR AÍ

Vamos analisar dois tipos de IA nesta parte, abordando inicialmente como se introduziu a IA nos veículos e sistemas de transporte que usamos para nos deslocar – de carros e táxis até trens e aviões. Também veremos o que as pessoas costumam fazer ao viajar, desde descobrir aonde ir e o que fazer, até usar a ajuda da IA para chegar aos lugares. Começaremos com a inovação em IA que revolucionou o modo como nos locomovemos: a navegação.

IA em sistemas de navegação

Um dos usos mais comuns de IA é a navegação por satélite, uma tecnologia essencial em carros modernos e autônomos. Ela aparece em celulares e sistemas de entretenimento para carros, e ainda há um mercado para dispositivos dedicados de navegação. Inicialmente, a IA dependia de um chip eletrônico em um dispositivo para receber sinais de satélites que orbitam a Terra, conhecidos como Sistema de Posicionamento Global (GPS, do inglês *Global Positioning System*). Eles transmitem continuamente informações de sua posição no céu, que podem ser recebidas por qualquer dispositivo sintonizado em sua frequência. A IA nos chips de GPS executa uma matemática complexa para calcular sua posição, comparando a direção e a força do sinal dos diferentes satélites acima.

Contudo saber onde você está em termos de coordenadas de latitude e longitude não ajuda muito; seria necessário ter usado previamente as coordenadas para encontrar sua posição em um mapa, e, depois, lido o mapa de forma tradicional para planejar uma rota até onde você quisesse ir.

O grande avanço na IA de navegação que levou à sua popularização foi a inclusão de mapas digitais. O primeiro passo foi digitalizá-los e adicioná-los aos sistemas de navegação, permitindo que uma IA de navegação nova e mais avançada fizesse o que as pessoas faziam antigamente: identificar sua posição no mapa a partir das coordenadas de GPS, e a localização de um destino definido pelo usuário. A IA então executaria a parte inteligente mais complexa de toda a atividade, ou seja, arquitetar uma rota sensata entre os dois pontos no mapa.

Como a IA planeja rotas de navegação

A navegação decomposta em etapas menores leva a várias tarefas inteligentes. Todas são sofisticadas, se comparadas à maior parte da IA usada nas casas, como a automação residencial.

Primeiro, a IA precisa representar um mapa em linguagem matemática, e nele estabelecer os pontos de partida e chegada. O volume de dados envolvido só nessa etapa é significativo, bem como o processamento por computador para executar os cálculos necessários. E há um aumento substancial caso o mapa inclua fotos reais das ruas e edifícios, o que hoje é a norma.

Segundo, a parte mais difícil do problema: calcular a rota. Supondo que você esteja usando ruas e vias sem atalhos, o princípio é similar à tentativa de saída de um labirinto. Existe uma abordagem básica e ineficiente, que pode ser refinada e otimizada.

A abordagem básica consiste em começar pela tentativa e erro, testando todos os caminhos possíveis a partir da posição inicial, e vendo qual levará você ao seu destino. No final, se forem tentados todos os caminhos possíveis, um deles terá sucesso, mas é algo que leva muito tempo e produz muitas tentativas fracassadas. Para obter a rota mais curta, seria preciso repetir o processo até encontrar todas as rotas possíveis e medir a distância percorrida em cada uma delas.

Para aplicar inteligência humana a essa abordagem, e contar menos com tentativa e erro, uma pessoa daria cada passo inicial possível e evitaria qualquer rua sem saída evidente. Procuraria ficar atenta também a trechos longos que estivessem claramente indo na direção errada. Alternaria entre uma visão mais ampla do mapa todo ou de partes dele, procurando rotas óbvias, e uma visão mais aproximada de um trecho do trajeto, para determinar desvios individuais a serem testados. A distância do trajeto também estaria sendo medida *no olho*, com a exclusão de rotas que fossem obviamente mais longas.

A IA nos sistemas de navegação (WANG *et al.*, 1998) desempenha uma versão eletrônica deles, usando tentativa e erro para encontrar todas as rotas disponíveis, gastando o menor tempo possível naquelas que sejam claramente erradas, e, por fim, escolhendo a mais curta ou mais rápida.

Indo mais a fundo, um modo possível de funcionamento do algoritmo de navegação seria fazer a IA simular muitos passos físicos imaginários no mapa. Após cada passo dado (ou seja, marcado), a IA avaliaria se ele se aproxima ou se distancia do destino, por meio de uma equação matemática, que compara a distância antes e depois do passo. O computador consegue reconhecer se um passo está em uma rua reta sem curvas adiante, porque ruas retas e cruzamentos são atributos matemáticos em um mapa digital. Se esse for o caso, não serão necessários muitos pequenos passos, mas, sim, um grande passo único até o próximo cruzamento, e, depois, avaliar se ele está se aproximando ou se ainda está distante.

Fazer essa simulação para cada cruzamento de cada rota possível é o que o torna um cálculo que envolve milhões de passos, nos dois sentidos da palavra. Por motivos óbvios, ele não para de avaliar uma rota só porque um desvio no caminho leva para mais longe do destino.

Com hardwares e softwares modernos, a IA consegue rapidamente encontrar todas as rotas possíveis entre dois pontos em um mapa, por meio de cálculos matemáticos que representam o mapa, a localização do usuário e os passos dados no caminho e, ainda, incluem as distâncias, para que a IA possa escolher a menor.

Uma vez que a IA passou a ser capaz de planejar rotas entre pontos em um mapa digital, tudo que hoje consideramos corriqueiro envolveu inicialmente o desenvolvimento de variações e avanços dos mesmos princípios, como encontrar lugares importantes pelo caminho, calcular o tempo de viagem (e, portanto, as rotas mais rápidas, em vez das mais curtas) e ajustar a rota para encher o tanque ou fazer uma parada para um café. Cada um desses elementos acrescenta complexidade e volume de dados aos cálculos, mas são extensões relativamente fáceis. Não são simples do ponto de vista matemático, mas também não dependem de teorias particularmente difíceis.

A navegação por IA é provavelmente a utilização mais comum dessa tecnologia em viagens. Vejamos rapidamente algumas outras também importantes.

IA em carros: dados são o novo combustível

O ex-CEO da Intel, Brian Krzanich, previu que o carro médio gerará cerca de 4 Terabytes (4.000 Gigabytes) de dados a cada hora de utilização, e 10 vezes mais nos veículos autônomos (KRZANICH, 2016). Em comparação, uma pessoa produz 1 ou 2 Gigabytes de dados por dia ao utilizar internet, vídeos, mensagens e outros.

A maior parte desses dados virá de sensores instalados dentro e fora do veículo, que monitoram tudo, desde imagens da estrada até a eficiência do motor e a pressão dos pneus. Também haverá dados da localização e do trajeto, e, claro, os carros estarão conectados à internet, portanto as informações estarão indo e vindo por meio de redes móveis.

Krzanich falava de um futuro próximo, mas boa parte de suas previsões já é realidade. Se olharmos para um típico carro moderno movido a combustível convencional e que necessite de um motorista humano, é bem provável que ele já use IA de várias formas.

Eficiência do motor e manutenção do veículo

A IA utiliza dados de um motor como *input* para algoritmos que calculam ajustes para mantê-lo funcionando de maneira eficiente, como a quantidade de combustível utilizada para diferentes cargas e velocidades, por exemplo. Os algoritmos são projetados por computadores potentes para simular condições reais de estradas e identificar tipos e número de ajustes. Essas simulações usam AM para se aperfeiçoar continuamente, com base em informações teóricas e reais. Os melhoramentos são transformados em algoritmos atualizados e softwares de controle, que podem ser transferidos para o carro para torná-lo mais eficiente. Essa é uma das muitas razões pelas quais uma oficina que lida com veículos modernos precisa de computadores tanto quanto de chaves inglesas.

Entre monitorar a eficiência do motor e a saúde geral do carro, há um passo curto; sensores podem ser colocados em todos os componentes mecânicos e eletrônicos, dando um quadro completo de como se encontra o funcionamento e o desgaste das peças. Com esse recurso, os automóveis modernos agora informam ao motorista quando estão precisando de manutenção, em vez de aguardar uma milhagem ou período de tempo específicos.

Recursos de segurança

A IA já vem sendo usada há alguns anos para melhorar a segurança passiva a partir de desenvolvimentos evolucionários; entre eles, a forma como a estrutura de um carro se deforma durante colisões (DU; ZHU; CHOU, 2017), ou como os *airbags* são acionados (HUANG; HSIAO, 2010) para diferentes motoristas.

Ela ocasionou mudanças mais revolucionárias por meio de recursos de segurança ativos, em que o carro intervém de alguma forma para evitar ou minimizar riscos, sendo o exemplo mais conhecido o sensor de estacionamento, que fica na traseira do veículo, e utiliza um tipo de radar para monitorar obstáculos ao dar ré, e, ao detectar algo, alerta o motorista com um apito. Também pode haver um indicador visual da distância a que o obstáculo se encontra.

Os carros modernos têm várias câmeras na carroceria, e assim podem ver muito além do que um motorista consegue a partir de seu banco, diretamente ou por meio de espelhos retrovisores. Hoje os sensores usam visão computacional no lugar de radares, então conseguem analisar o que está em volta e mesmo embaixo do carro, efetuando ações mais apropriadas do que apenas apitar. Ao estacionar, um veículo envolve outros sensores além dos que estão no para-choque traseiro, e agora detecta não somente veículos e pedestres que estejam diretamente atrás de um automóvel em marcha a ré, mas também aqueles a distância que possam estar dentro do campo de manobra.

Os sensores também conseguem detectar veículos no ponto cego do motorista (SOMASUNDARAM *et al.*, 2019); então, se um motorista tenta mudar de pista tendo algo em seu ponto cego, o carro irá não apenas apitar alto, mas também vibrar o volante e delicadamente direcionar o automóvel para a frente, evitando uma colisão. O motorista pode desconsiderar se quiser, mas, caso não tenha notado o risco iminente, a ação do carro poderá impedir um acidente.

A IA no carro também se comporta do mesmo jeito se um motorista sair de sua pista. Nesse caso, o sensor usado é uma câmera inteligente que confere a posição do veículo em relação às faixas brancas na estrada. Tais câmeras conseguem monitorar os olhos de um motorista em busca de sinais de sonolência, como piscadas em excesso, além de outros indícios, como o modo de dirigir. O carro alerta o motorista se ele parecer sonolento, sugere uma pausa e pode até mesmo conduzi-lo até um lugar adequado para parar.

Existem vários outros exemplos de recursos de segurança com capacidade para IA em carros modernos, que não serão abordados aqui. Os exemplos incluem freios de emergência, piloto e estacionamento automático, sendo que todos usam combinações de sensores, visão computacional, controle de dispositivo IoT e um pouco de robótica para controlar o carro de acordo com circunstâncias variáveis.

Navegação, entretenimento e comunicação

Já cobrimos a navegação com IA de uma forma um pouco mais detalhada. Sobre a navegação e o entretenimento com IA em carros, vale ressaltar que muitos dos dados necessários são obtidos do ambiente externo ao veículo, por internet. Diferentemente da maioria dos outros exemplos de IA automotiva, esses modelos precisam de atualizações em tempo real, como música em *streaming* e informações sobre o trânsito.

O modo mais comum de realizar essa conectividade é utilizando um telefone celular, geralmente por meio de Bluetooth ou cabo USB. Outra opção é um compartimento para um chip no carro, igual aos usados em celulares. A vantagem de um chip ou cartão SIM dedicado não é só a conveniência e o custo, mas também a possibilidade de usar as redes móveis 5G mais velozes que estão sendo ativadas em muitos países.

Quando um carro é equipado com um cartão SIM, ele se transforma em um grande dispositivo móvel, com mais poder de processamento que um típico notebook ou celular, e muito espaço para mais sensores e outras tecnologias.

O papel dos motoristas humanos nos carros modernos

Um carro moderno é um grande ecossistema de IA, repleto de exemplos de inteligência artificial estreita, que recebe e gera grandes quantidades de dados. Começou sua história como uma carroça sem cavalos – uma alternativa motorizada ao uso de animais no transporte de pessoas –, e evoluiu ao longo de um século até tornar-se muito eficiente. Mas, considerando o que ele é capaz de fazer hoje, vemos que seu potencial é muito maior do que simplesmente fazer melhor o que carros sempre fizeram tradicionalmente.

Aliás, quando se considera a combinação de navegação, sensores e visão computacional, o papel de um motorista se torna uma questão particularmente interessante.

Uma vez que somos capazes de criar sistemas de assistência ao motorista e recursos de segurança, o caminho fica relativamente curto até que o veículo possa se conduzir sozinho. Claramente há muitos critérios de segurança difíceis de cumprir, além de situações futuras com que provavelmente apenas a inteligência humana será capaz de lidar. E, claro, há os fatores humanos envolvidos na aceitação de uma mudança tão sísmica em algo a que estamos habituados. De qualquer forma, vale considerar por que alguém sente que um motorista humano pode ser uma maneira melhor ou mais segura de controlar um carro que, tecnicamente, pode se dirigir sozinho.

Os defensores dos veículos autônomos têm evidências e argumentos persuasivos de que o motorista humano seja o ponto fraco nos carros de hoje em dia. Eles acreditam que a adoção de veículos autônomos criará um trânsito mais seguro, viagens mais rápidas e menos poluição. E existem, obviamente, muitos contra-argumentos.

Ainda vivemos em um mundo onde veículos autônomos não são permitidos na maioria das vias públicas, mas parece que tem se tornado cada vez mais realista perguntar não *se* isso mudará, e sim *quando*.

IA EM TÁXIS

Quando as pessoas citam áreas em que a IA trouxe mudanças significativas, uma menção comum é o Uber, um aplicativo de transporte. O modelo de negócios da Uber, e de concorrentes como Lyft e Ola, é uma frota de carros ou outros veículos particulares (como autorriquixás, na Índia, e tuk-tuks, no Sri Lanka) em uma área, à espera de clientes. O usuário solicita o carro usando um aplicativo de celular, que sabe onde ele está, utiliza IA para encontrar todos os automóveis próximos e envia a eles uma mensagem com informações sobre a localização e o destino do cliente. O primeiro carro a aceitar o pedido assume a corrida, e o passageiro recebe uma mensagem dizendo que o veículo está a caminho. Quando o carro chega, leva o passageiro até o destino usando uma rota gerada por IA, e, depois que o passageiro é entregue, o pagamento é debitado on-line com base no horário e na duração do percurso.

O serviço todo é permeado por IA. Ele é usado, por exemplo, para dar ao cliente uma estimativa de quanto tempo o carro levará para chegar, bem como da duração e do custo da viagem. A IA é usada pelos passageiros para avaliar corridas, para que outros passageiros possam escolher ou recusar motoristas se quiserem, com base nas classificações, assim como motoristas também podem avaliar passageiros.

As medidas de segurança (GAO, 2018) estão se tornando cada vez mais sofisticadas. Uma bem simples, por exemplo, foi a criação de um botão no aplicativo que permite ao passageiro compartilhar com algum amigo o progresso da corrida e informações sobre o motorista. Um recurso mais inteligente usado pela Uber na Índia envolve áudio computadorizado no autorriquixá (e não no aplicativo do cliente) que fica constantemente à escuta durante a corrida, buscando palavras ou ruídos que possam indicar desconforto do passageiro. Se, por exemplo, um grito ou um pedido de ajuda for ouvido, a IA que monitora os sons no veículo pode automaticamente fazer o serviço de apoio ao consumidor do táxi ligar para o passageiro, a fim de verificar se ele está bem, ou para o motorista e, se algo parecer errado, saberão a exata localização do veículo.

Em alguns mercados, a Ola tem alguns recursos que são exclusivos até o momento. Por exemplo, a IA envia ao passageiro que aceita uma corrida um código numérico, que deve ser digitado no celular ao entrar no carro. A ideia é garantir que o passageiro esteja entrando no táxi certo enviado, e não no de um impostor. Se você ouve música ou assiste a um programa de TV usando o sistema de entretenimento da Ola (KASHYAAP; PUTREVU, 2018) em um táxi, ao entrar em outro, ele perguntará se você quer continuar a ouvir ou assistir a partir do ponto em que parou na corrida anterior. São recursos criativos e convenientes, nada revolucionários, mas transformadores como um todo quando comparados aos táxis tradicionais.

Outra coisa que você pode ter notado é que a maioria das referências aos táxis cita *carros*, e não *motoristas*. Isso se deve ao fato de que todas as empresas por trás desses serviços esperam administrar frotas de veículos autônomos algum dia. Portanto tudo foi projetado para funcionar com ou sem motoristas humanos onde for possível, ou com mudanças mínimas.

A questão que eles nos apresentam é se teríamos mais confiança em um motorista de táxi humano ou de IA. Se seus entes queridos tiverem de tomar um táxi para casa, qual dessas formas de motorista parece mais segura? Não é necessariamente uma resposta tão simples como costumava ser.

IA em trens e aviões

É provável que a IA em sistemas de transportes públicos, normalmente trens, aviões, metrôs e ônibus, tenha o impacto menos visível ao público, apesar de já dependerem tanto dela. Isso acontece porque ela funciona *nos bastidores*, então vemos apenas seus resultados, não sua utilização.

Manutenção e reparos

Um dos maiores custos em sistemas de transporte são os reparos e a manutenção de veículos. Uma companhia aérea pode, por exemplo, gastar até um quinto de seus custos operacionais diretos nisso, sendo quase metade desse valor destinada apenas aos motores (ACKERT, 2011). Pode custar entre 1 e 10 milhões de libras remover o motor de um avião e enviá-lo para o fabricante para manutenção. Portanto os tipos de tecnologia de IA usados para melhorar a manutenção de carros, como IoT e visão computacional, são muito mais valiosos para grandes veículos de transporte público.

A IA é usada amplamente (KASHYAP, 2019) para monitorar e diagnosticar componentes mecânicos, e otimizar sua operação. Também é utilizada para simular o desgaste ao longo do tempo, considerando diferentes condições de operação e o efeito sobre o custo e a segurança. Essa simulação é particularmente complexa no caso de aeronaves.

Programação

A ideia que a maioria das pessoas tem sobre a qualidade do transporte público geralmente se refere à frequência e à pontualidade do serviço. Garantir horários precisos e executáveis é uma grande contribuição da IA ao transporte público (KARNA, 1995). Os desafios variam de acordo com o tipo de transporte, mas a maior parte envolve a análise inteligente nas soluções.

Para trens, os cálculos e algoritmos envolvidos são complexos, especialmente em redes extensas e rotas mais procuradas. As atualizações são geralmente executadas em pequenas etapas, com ou sem ajuda de IA. Nos lugares em que mudanças grandes foram testadas, mesmo a IA mais sofisticada não conseguiu ainda dar a certeza de que novas rotas funcionariam sem problemas desde o primeiro dia.

A IA envolvida na programação de trens (SCHEFFER, 2020) é baseada em um complexo conjunto de equações matemáticas que representam a posição de cada trem em uma rede fixa ao longo do dia. As dificuldades surgem com mudanças inesperadas, como mau tempo, panes e outros incidentes não planejados – basta um trem no lugar errado para causar um efeito dominó no resto de seus trajetos pelo resto do dia. O imprevisto também afetará outros trens, como os rápidos que deveriam estar à sua frente, mas agora terão de segui-lo e assim ter a própria programação afetada. Também é um problema para os passageiros que dependem de conexões, uma vez que podem vir a perder suas baldeações programadas. E, finalmente, o trem pode estar no lugar errado ao final do dia para começar a programação do dia seguinte.

Isso é o que acontece com o atraso de apenas um trem. Se ocorrer um problema em uma área, como uma pane que bloqueie um trecho dos trilhos, ou um incidente de segurança que feche uma estação, o impacto será muitas vezes maior.

O poder da IA usada nos sistemas de programação está em representar a complexidade da rede e resolver como mantê-la funcionando da melhor forma possível. Às vezes, isso envolve decisões difíceis, como cancelar um trem para *desbloquear* uma rota para muitos passageiros, apesar de criar uma inconveniência muito maior para alguns.

DAS NOVE ÀS CINCO: IA NOS NEGÓCIOS

É difícil examinar de forma breve a IA no trabalho e nos negócios, por causa da extrema diversidade em como ela é utilizada. Da robótica nas fábricas às recomendações de produtos no comércio eletrônico, não há uma área da indústria e comércio que não tenha sido afetada pela IA e pelo AM. Como vimos na história da IA, isso foi impulsionado pelo desejo de investidores e acionistas em recuperar o dinheiro investido nela, e pelo medo de que outros lucrassem mais. Para alguns setores, a rápida adoção e o desenvolvimento de IA nas empresas não é mais uma questão de inovação e diferenciação, mas, sim, de sobrevivência.

Existe uma série de materiais disponíveis que descrevem detalhadamente suas muitas aplicações. Em vez de tentar acrescentá-las às que temos aqui, vamos adotar uma perspectiva mais geral, para ilustrar a amplitude e a diversidade de como a IA transformou os negócios.

Faremos isso usando uma descrição genérica e simplificada do que a maioria das empresas faz, baseada livremente no modelo da cadeia de calor, de Michael Porter (PORTER, 2001).

Vendas

Todas as empresas ganham dinheiro vendendo alguma coisa. Pode ser um produto físico (como roupas ou sabonetes), algo intangível (como um ativo de investimento ou uma apólice de seguro) ou um serviço (como reparos domésticos ou uma consultoria financeira). A IA é usada em todas as versões de vendas; alguns aspectos, como divulgação e marketing, a adotam de forma similar a todos os três exemplos de venda citados. Outros variam tremendamente de acordo com o que está sendo vendido e com o meio – lojas físicas ou on-line.

Marketing e propaganda

A IA tem sido crucial no processo de influenciar e persuadir grandes grupos de consumidores em potencial a preferirem um produto ou marca a outros (HALL, 2019). Os detalhes variam de acordo com o *canal* de divulgação, ou seja, conforme a mídia utilizada para se comunicar com eles, como jornais, TV ou internet. Mas os princípios de IA envolvidos são os mesmos.

O problema a ser abordado é decidir quais consumidores serão o alvo, que mensagem enviar a eles para influenciar suas compras futuras, e como avaliar a eficácia de tais esforços. Em termos de IA, isso equivale principalmente a análises preditivas e previsão. Os dados disponíveis incluem perfis e comportamento dos consumidores, atividades de marketing e mudanças em compras de produto, ou pelo menos o interesse do cliente na compra de um produto. Uma loja na internet analisará os padrões de compra de todos seus consumidores, talvez focando em um subgrupo específico – por exemplo, homens jovens e ricos em Londres. Com base nesses padrões, a IA pode utilizar análise preditiva para identificar tipos particulares de produtos que eles sejam mais propensos a comprar em um determinado conjunto de circunstâncias. Digamos que, quando o tempo esfria, aqueles que compram um tipo específico de casaco de inverno também sejam mais propensos a adquirir uma capa de chuva leve. A empresa pode tentar uma campanha de marketing para promover essas capas de chuva para qualquer pessoa que esteja olhando casacos de inverno, e oferecer um desconto extra caso adicionem o casaco ao carrinho de compras. Depois, a IA poderia usar esses dados não apenas para avaliar a eficácia da campanha, mas também para aperfeiçoar seus algoritmos a fim de identificar outros produtos que possam interessar a homens jovens ricos em Londres.

Esse é obviamente um exemplo bem simples, mas a IA permite descobrir padrões muito mais complexos que podem ser usados para criar campanhas. Outra extensão possível é utilizar IA para analisar padrões e prever compras de um indivíduo, em vez de um grupo de consumidores.

Existem muito mais exemplos e aplicações de IA em marketing e propaganda, que não iremos abordar aqui. Alguns dos mais interessantes estão na propaganda on-line (DIGITALAND, 2017), como forma de decidir onde colocar anúncios e que tipos usar. O Google e o Facebook são duas das empresas que mais ganham com propaganda na internet. Não é coincidência que eles estejam entre os mais avançados usuários de IA no mundo.

Lojas físicas

Quando as vendas envolvem a visita de um cliente a uma loja para comprar produtos, a IA é utilizada amplamente para tornar esse processo mais eficaz e eficiente, já que é impossível ser abrangente e breve sem ser superficial. Veremos três áreas que merecem destaque.

A psicologia por trás da disposição de mercadorias e do projeto arquitetônico de uma loja é uma arte complexa, uma vez que consumidores costumam reagir a mudanças na forma como os itens são agrupados e até mesmo quando se altera a ordem das prateleiras onde ficam os produtos. Os supermercados têm usado dados sobre tráfego de clientela, compras e opiniões dos consumidores para aumentar suas vendas há anos, mas a IA permite que isso seja feito de maneira melhor (MILES, 2019). A visão computacional e outros sensores conseguem rastrear o deslocamento de clientes pelas lojas e analisar como eles escolhem percorrer seções ou departamentos. Ao somarem a isso os dados sobre compras, os varejistas podem então começar a observar quais configurações geram vendas maiores. Mesmo coisas simples, como tamanho de filas, disponibilidade de cestas de compras em relação a carrinhos e posicionamento de sinalização podem fazer diferença. A IA permite uma análise incrivelmente detalhada de cada fator imaginável em uma visita a uma loja, e ajuda a fazer pequenos e grandes ajustes para melhorar as vendas.

Em alguns tipos de comércio, como lojas de materiais de construção e roupas, encontrar o produto certo pode ser um problema. Muito se investiu no uso de IA para ajudar os consumidores a encontrarem o que procuram on-line, e agora estão surgindo versões em lojas físicas. A varejista de roupas Rent It Bae equipou suas unidades em Déli com telas ativadas por voz para permitir que os clientes procurem produtos (FASHION NETWORK, 2018). A rede de lojas de materiais de construção Lowe's introduziu robótica em suas lojas nos Estados Unidos (LOWE'S INNOVATION LABS, 2018), criando um robô que percorre os corredores, pergunta aos clientes em linguagem natural do que eles precisam, além de guiá-los até o local certo.

Nosso último exemplo ilustra decisões de compra mais complexas, que usam IA para fornecer orientações e conselhos que antes seriam dados por um atendente humano. Alguns dos exemplos são na área de cosméticos, acessórios e até roupas. Lojas como Lush (SHEPHERD, 2019), Sephora (2018) e Lenskart (2020) (no Reino Unido, EUA e Índia, respectivamente) fizeram experiências em suas unidades físicas com tecnologia de visão computacional, para escanear os rostos dos consumidores e dar sugestões de maquiagens ou óculos. Em um exemplo ainda mais avançado, a loja de roupas Uniqlo testou um quiosque com IA que detecta ondas cerebrais do cliente para recomendar roupas! Os quiosques nas lojas analisam a reação de um consumidor ao visualizarem uma mercadoria, usando observação de sentimentos para julgar como ele se sente de fato em relação ao produto.

Lojas virtuais

O e-commerce é provavelmente a área da economia cujos consumidores estão mais cientes da influência de IA. Para a maioria das pessoas que compram na internet, as recomendações personalizadas já são uma parte esperada da experiência, e a variação nos preços é algo cada vez mais familiar. Quem adquire produtos de viagem on-line, como passagens de avião, quartos de hotel ou mesmo corridas de táxi, espera que o preço mude, dependendo da demanda e de outros fatores. Claro que a IA é a responsável por calcular essas variações de preço hoje em dia.

Muitos consumidores passaram a entender a lógica por trás de como a IA oferece descontos, e procuram ativamente cupons de desconto ou esperam para ver se recebem ofertas de reduções de preço depois de navegarem um pouco pelos sites. Alguns clientes tentam *jogar* com a IA deliberadamente, saindo do site depois de olharem um produto desejado, na esperança de conseguirem um desconto ao retornar. Em outras palavras, a IA aprendeu a emular o comportamento do vendedor humano que vai atrás do cliente que deixa a loja, tentando persuadi-lo a comprar o produto que estava olhando.

Um desafio crescente para quem compra pela internet é encontrar exatamente o que procura, em meio a uma oferta esmagadora de produtos. A IA usa algoritmos de busca cada vez mais sofisticados para tentar prever melhor o que cada um realmente está procurando. Isso envolve uma combinação de reconhecimento de linguagem natural melhorado com dados sobre o consumidor específico e sobre o que outros clientes procuram, escolhem e compram quando utilizam termos de busca.

Outra abordagem é deixar completamente de lado a busca baseada em descrições e usar visão computacional para encontrar produtos baseados na aparência. A Neiman Marcus (GRILL-GOODMAN, 2019) é uma das muitas redes que estão fazendo isso, permitindo que o cliente encontre um item subindo fotos do produto desejado. A loja on-line então sugere mercadorias similares, com base em cor, formato, estilo e outros fatores. Com o AM, a qualidade dos algoritmos vai melhorando com o uso. Outras empresas estenderam a busca visual para recomendar produtos complementares. Por exemplo, se o cliente procura visualmente um vestido específico, o algoritmo de recomendação utilizará a busca visual para sugerir bolsas, lenços ou sapatos que combinem.

A última área da IA que cobriremos nesta parte poderia se encaixar em várias outras, mas cabe aqui porque é uma preocupação da maior parte das pessoas ao fazer uma compra on-line: a detecção de fraudes.

As empresas lidam desde o início de sua existência com as fraudes, e os métodos modernos de pagamento tornaram sua tentativa mais fácil do que nunca para os criminosos. As principais formas de fraude no comércio, além do roubo físico, incluem pagamentos com cartões roubados, pedido de entrega de produtos a alguém que não seja o cliente e abuso do processo de devolução, para ganhar dinheiro de alguma forma. Nos bastidores, também há fraudes nas lojas ou nos depósitos, onde os funcionários sistematicamente interferem nos pedidos para benefício próprio.

A IA pode ajudar com tudo isso, mas sua principal contribuição contra as fraudes está na detecção de cartões roubados (SUDHA; NIRMAL RAJ, 2017). Ela utiliza a técnica de IA para detectar anomalias, assinalando transações fora dos padrões que indiquem algo suspeito. Pode ser algo óbvio, como o uso simultâneo do mesmo cartão em lugares diferentes, ou pode ser a compra de produtos que fujam do padrão de consumo do cliente. Variações desse último exemplo incluem um aumento súbito em aquisições de valor alto ou muitas compras frequentes com pagamento por aproximação.

Processamento de documentos em papel com RPA

O processamento de papeladas era o que costumava ocupar a maior parte do tempo dos funcionários em muitos setores; entre processar pedidos e gerenciar reclamações, muitas indústrias construíram negócios complexos movidos a papel. Hoje, boa parte das informações que costumavam estar em papel é mantida em computadores. Mas o trabalho ainda é baseado em versões computadorizadas dos processos em papel, e mesmo os setores mais informatizados, como os bancos, ainda gastam uma fortuna administrando papéis.

O gerenciamento de documentos é uma grande área de aplicação de IA (OBUKHOV; KRASNYANSKIY; NIKOLYUKIN, 2019), e a maioria das grandes empresas que lidam com muito papel rotineiramente utiliza a tecnologia para a tarefa. A maior parte consiste em uma combinação de escaneamento e OCR para digitalizar o material impresso, e gerenciamento inteligente de documentos para armazenar e recuperar o conteúdo digitalizado. Muitas empresas, como seguradoras, recebem formulários em papel com conteúdo que necessita ser compreendido e analisado, como pedidos de indenização contendo descrições de um incidente segurado como um acidente de carro, ou uma contratação de apólice na qual eles fornecem detalhes que são usados para calcular o prêmio.

A IA extrai essa informação automaticamente, e você pode se surpreender com a quantidade de compreensão automatizada e ações subsequentes que ela consegue administrar sem envolvimento humano, com o recurso de processamento de linguagem natural.

Quando negócios muito dependentes de papeis começam a usar computadores, um dos objetivos mais comuns é reduzir a quantidade de papel, inserindo o máximo possível de informações diretamente nos sistemas, digitadas por pessoas que incluem tanto os clientes quanto os funcionários. Embora isso reduza ou elimine a necessidade de a IA processar documentos físicos em papel, não muda a necessidade da outra parte de seu uso: automatizar o processo que costumava ser baseado em papel. A utilização da inteligência artificial nesses casos é o que chamamos de RPA (ROUSE, 2020).

A RPA é considerada um exemplo de IA em razão da necessidade de se tomar decisões de forma inteligente, em vez de simplesmente empurrar informações de uma etapa para a seguinte. Existe uma linha tênue entre as duas, e alguns fornecedores de softwares simples de automação de processos tomam a liberdade de descrever seus produtos como inteligentes.

No começo da automação de processos, que envolvia pouca inteligência, uma ação como o envio de fatura poderia iniciar um processo automático. O sistema verificaria pagamentos recebidos todos os dias, encontraria algo com referência e valor correspondentes, e mudaria o *status* da fatura para *paga*. Isso então automaticamente marcaria a transação como pronta para ser registrada em um livro-razão apropriado. Para algo tão sensível como as transações financeiras, era normal haver intervenção humana para verificar a transação e confirmar o registro no livro. Uma automação informatizada significava que isso se dava pelo toque de um único botão ou um clique de mouse para as transações de um dia, mas ainda exigia que uma pessoa apertasse um botão para executar o registro.

A RPA usa IA para levar essa ideia ao seu extremo, de forma que o computador execute todas as verificações, registros e outros processamentos necessários. Quando tudo funciona bem, um exemplo como esse é bastante simples, com pouca inteligência aparente. A IA em RPA aparece de forma mais visível para lidar com processos menos simples e exceções.

Portanto o *R* da RPA é a descrição do conceito de softwares-robô que executam de forma inteligente o tipo de atividade que teria sido feita em papel por pessoas, muitos anos atrás, e nas telas, mais recentemente. Há infinitos exemplos de RPA em uso atualmente, e a maioria de nós já passou por algum processo desse tipo sem perceber. Seguem aqui alguns bons exemplos:

Processamento de pedidos

Quando você clica em *comprar* em uma loja virtual, a RPA é a provável responsável por tudo que acontece entre esse momento e o recebimento do produto na sua casa, com exceção da entrega e possivelmente do empacotamento do produto, feitos por pessoas (BERTHENE, 2019). Os softwares-robô cuidam de enviar as informações do pedido para o depósito, atualizar registros financeiros e de estoque, além de organizar o envio.

Respostas a e-mails de clientes

A maioria dos e-mails recebidos pelos departamentos de serviço de atendimento ao cliente traz o mesmo tipo de solicitações, em geral pedidos de atualização sobre uma solicitação ou de informações sobre um produto como preço ou valor do frete, ou perguntas gerais. Alguns serão exceções e alguns exigirão uma resposta mais complexa. Mas a maior parte envolve resgatar o registro de um cliente ou produto no sistema e responder com os detalhes ou enviar informações-padrão que respondam a uma pergunta-padrão.

A RPA funciona nesse caso usando PLN para ler automaticamente cada e-mail que chega e escolher os que se encaixam em qualquer uma das categorias que ela foi projetada para administrar. O resto é transferido para humanos. Os e-mails sobre pedidos ou contas de clientes são analisados para detalhes relevantes da conta, e o histórico apropriado é acessado. Depois ela usa PLN para compor uma resposta em linguagem natural e as questões gerais são respondidas com a inserção do texto relevante extraído de bibliotecas de respostas-padrão; ambas as respostas são enviadas depois como e-mails (OMQ, 2020).

Nos dois casos, a funcionalidade de IA é similar ao exemplo do chatbot que vimos antes, mas é usada para criar um e-mail no lugar de uma mensagem de chat.

Folhas de pagamento

Grandes empresas costumavam ter departamentos inteiros de pessoas cuja principal função era garantir que os funcionários recebessem o valor correto no dia certo do mês. Além dos pagamentos regulares de salário, essas equipes cuidavam do cálculo de impostos, outras deduções, bônus e reembolso de despesas. Quando havia mudanças na legislação, como novas alíquotas de imposto de renda, o trabalho delas era fazer ajustes nos pagamentos. E, é claro, essas equipes garantiam que os holerites fossem impressos e enviados, e os montantes corretos fossem pagos aos funcionários.

Não é surpreendente que a IA, e mais especificamente a RPA, tenham causado a redução desses departamentos ou até mesmo sua extinção. Uma IA consegue fazer o mesmo trabalho mais rápido, com mais precisão e custos menores (KEYPAY, 2019).

As regras e cálculos envolvidos podem variar de acordo com o funcionário, e serão necessários dados de outros sistemas. Para algumas empresas, pode haver a necessidade de calcular as horas trabalhadas a partir de planilhas preenchidas à mão. Cálculos de despesas podem ser trabalhosos, e recibos precisam ser digitalizados e guardados com outros registros de impostos. Não é um exercício simples, mas em termos de IA, nada mais é do que uma mistura de aplicação inteligente de regras, talvez com um pouco de gerenciamento de documentos e reconhecimento de escrita à mão.

Cotação de prêmios e renovação de seguros

Já vimos que a RPA pode ser usada para processar novos pedidos de um produto ou serviço. O exercício é relativamente descomplicado para uma compra simples pela internet, mas requer uma inteligência mais sofisticada para prêmios de seguros (CENTRE FOR DATA ETHICS AND INNOVATION, 2019).

A primeira parte do processo é obter todas as informações necessárias para fornecer uma cotação. Geralmente isso é feito on-line, ou talvez por um formulário preenchido à mão recebido pelo correio. Parte das informações forma *inputs* simples para o cálculo da cotação, como idade, código postal, tempo decorrido desde o último pedido de indenização e assim por diante. Mas muitas delas envolvem cálculo de riscos, como a probabilidade de um acidente de carro, roubo ou doença, dependendo do tipo de seguro. A avaliação de risco é outra área para IA, algo semelhante à previsão do tempo no modo como é executado pela IA. Mas o real cálculo de risco e prêmio associado fica além da RPA e é um *input* recebido por ela.

Uma vez que a RPA para a cotação do prêmio recebe o preço, ela pode completar o resto do processo sozinha, preparando uma carta com todos os detalhes corretos do cliente, descrição da cobertura, termos e condições e assim por diante, e enviá-la ao cliente por e-mail ou correio. Se o cliente aceitar a cotação, ela é convertida em um pedido completado por RPA, que envia os detalhes da apólice paga.

Há infinitas maneiras de como a RPA pode ser usada em praticamente qualquer tipo de negócio, certamente nos grandes, mas, até mesmo, nos pequenos. Espero que esses exemplos tenham mostrado que a IA envolvida na RPA geralmente não é muito dramática ou mesmo avançada, mas é típica do modo como a IA tem sido inserida no nosso cotidiano.

Entregas de encomendas

Empresas de logística como DHL, FedEx e UPS sempre dependeram muito de tecnologia e são famosas por seu conhecimento em assuntos como sistemas de navegação e previsão de demanda, que hoje têm a IA como parte fundamental (KUPRENKO, 2019). Contudo, nos últimos anos, sua supremacia tem sido desafiada por recém-chegados ao mercado de entregas ao cliente, que tiveram seu impulsionamento movido pela IA, mais especificamente os recursos de análises, previsão e robótica.

De um lado, os grandes varejistas tornaram-se especialistas em entregas, porque a inovação no serviço tem sido um diferencial em seu negócio principal. Serviços como entrega no mesmo dia não têm sido possíveis quando a etapa é terceirizada. A Amazon é reconhecida como líder nessa modalidade, mas outras gigantes do e-commerce, como Flipkart, também são firmas excepcionais de logística. No Reino Unido, a primeira loja a oferecer entrega no mesmo dia foi, na verdade, a Argos (READ, 2015), e não a Amazon.

Enquanto isso, outras empresas com habilidades relevantes entraram no setor de entregas vindas de um lugar diferente, especialmente para entregas locais. Firmas como Uber usaram sua experiência em gerenciamento de frotas de veículos locais para chegar aos clientes rapidamente, e aplicaram-na em entregas, começando com comida para viagem.

Manufatura

Não temos espaço para analisar com detalhes como a IA reinventou a manufatura moderna, mas qualquer pessoa familiarizada com o setor sabe que as fábricas são altamente automatizadas há muito tempo. Já nos anos 1990, os carros eram montados por máquinas controladas por computadores que alinhavam painéis de metal e os soldavam. A chamada manufatura de alta tecnologia, como a de componentes eletrônicos, envolve fábricas que mais parecem laboratórios do que galpões industriais.

A IA tem sido usada há um bom tempo para controlar as máquinas que montam os produtos, usando IoT e visão computacional. Sua presença é agora ainda mais visível nos robôs que movem itens dentro da fábrica, de máquina para máquina. São praticamente veículos autônomos, mas projetados para carregar produtos e componentes, em vez de pessoas.

Essa tecnologia é ainda mais importante em armazéns, onde o estoque é transferido do depósito para as áreas de distribuição e embalado sem envolvimento humano. A IA não controla apenas as máquinas e veículos; com uma visão computacional e automação inteligente, ela também rastreia os produtos e calcula o melhor modo de agrupar os itens para eficiência de envio. Caixas e itens que costumavam ser identificados por códigos de barra agora são conferidos por visão computacional também. A IA usa, da mesma forma, sensores IoT para fatores como peso e dimensões dos itens para calcular o melhor jeito de empacotá-los, e localizar os que estão colocados no lugar errado.

Planejamento, análise e gerenciamento

Uma atividade crítica em todos os negócios é o planejamento e o gerenciamento de atividades, geralmente após a análise de dados, como vendas, produtividade, custos e outras informações que afetam o desempenho da empresa. A IA transformou completamente esse tipo de trabalho e agora é vista como algo comum pela maior parte das empresas.

A origem dessa tecnologia é a planilha, originalmente uma ferramenta que automatizava uma aritmética básica, para preparar informações financeiras mais rapidamente do que calculadoras. A planilha também é a primeira e talvez única experiência com dados de negócios para a maioria das pessoas, e hoje é uma ferramenta sofisticada para manipular, analisar e apresentar dados. A IA leva isso a um outro nível, incluindo seu uso dentro de planilhas.

Quem usa planilhas pode estar familiarizado com suas fórmulas embutidas, como somatórias e médias, e talvez saiba que aquelas automaticamente identificam conjuntos de números que consideram que devam ser agrupados, ou séries de dados que possam ser estendidos. Por exemplo, se você nomeia três colunas como Jan, Fev e Mar, ela automaticamente nomeará as colunas seguintes como Abr, Mai, e assim por diante. Quando surgiram pela primeira vez, esses recursos eram impressionantes, mas hoje são triviais. O que eles mostram é a primeira aparição comum de IA em análise, e por que é fácil nem notar sua presença.

Os tipos de inteligência envolvidos são a resolução de problemas e o raciocínio, e as categorias de IA usadas incluem análise preditiva, previsão e até PLN (se as informações a serem analisadas forem fornecidas em linguagem natural). Os princípios simples que apareceram primeiro nas planilhas foram estendidos a todo tipo de análise feita por um negócio e permitem que a IA resolva problemas incrivelmente sofisticados.

A aplicação mais comum é provavelmente a previsão de vendas, os números financeiros e a identificação do que ocorre em áreas que poderiam ser melhoradas. Ao criar modelos em linguagem matemática do que acontece em um negócio, é possível simular o impacto de todo tipo de cenário. Alguns exemplos típicos são campanhas de publicidade, mudanças de precificação e abertura de novas lojas. A sofisticação da IA significa que ela pode levar em conta fatores que antigamente eram complexos demais para serem considerados, como o impacto que as mudanças de tráfego causadas por uma nova loja têm sobre o movimento de clientes (RAHMAN, 2020), ou talvez a possível resposta psicológica a um preço novo em todos os segmentos de consumidores.

O poder da análise com IA no planejamento não vem apenas dos algoritmos. Ele também se deve à capacidade de dar conta de grandes volumes de dados, incluindo aqueles relevantes, disponíveis publicamente, que não são parte do negócio. O clima, por exemplo, afeta o número de visitantes em uma loja e as tendências em mídias sociais podem ter impacto sobre a popularidade de um produto.

A IA é e pode ser usada de infinitas maneiras para aperfeiçoar a análise, o planejamento e o gerenciamento de atividades nos negócios. Para ver exemplos e descobrir como ela funciona, há muito material disponível sobre o assunto. Aqui, vimos só uma amostra de suas possibilidades e o que está por trás delas.

Contratação e gerenciamento de pessoas

A última área corporativa que abordaremos sob a perspectiva da IA é a de recursos humanos, função que traz novos talentos para as organizações e cuida de suas várias necessidades, ao mesmo tempo em que trabalha para a empresa e administra as demissões. Também é a função que desenvolve habilidades pessoais e ajuda a garantir que o comportamento dos funcionários permaneça dentro dos padrões aceitáveis.

Em certo nível, usar IA para gerenciar recursos humanos é comparável a outros tipos de gerenciamento e planejamento. Existem dados sobre o bem (neste caso, pessoas), sobre o desempenho, e sobre expectativas e planos. Então a IA pode ser usada em recrutamento, avaliações e no planejamento de treinamentos e incentivos. Da perspectiva de um computador, o fato de que o sujeito é um ser humano na verdade afeta apenas o tipo de dados relevantes, e as regras usadas para projetar modos de melhorar o desempenho.

É claro, as pessoas não são apenas bens, por isso temos de ser muito mais cuidadosos com o que permitimos que a IA faça. Não é um problema simplesmente substituir um maquinário quando seu desempenho se degrada ou surge uma versão melhor, mas não podemos fazer isso com funcionários. Também existe o fato de funcionários responderem à forma como são tratados, de modo que os modelos que predizem comportamentos são muito mais complexos do que a maioria dos problemas típicos da IA em empresas.

O uso de IA em recursos humanos é um campo minado ético e legal. À medida que empregadores passam a poder usar IA de maneiras cada vez mais inovadoras para adquirir dados sobre seus funcionários, a importância de se ter regras sobre como usá-los também cresce. São duas as dificuldades fundamentais: há razões muito válidas para capturar certos dados, mas, uma vez disponíveis, eles podem ser utilizados para outros fins; e algumas das maneiras como as empresas tentam obter essas informações são intrusivas e, nem sempre, transparentes.

Hoje em dia, os funcionários costumam portar crachás de identificação por questões de segurança, usando-os para ter acesso a edifícios, portas internas e até utilizar recursos, como computadores. Isso significa que há dados disponíveis sobre como eles passam seu dia de trabalho e, em teoria, poderiam ser usados para rastrear sua localização a cada minuto. Softwares de segurança com IA garantem que os funcionários não estejam fazendo nada de impróprio com dados da empresa. Mas é somente um passo até estender esse rastreamento aos seus teclados e ao conteúdo digitado. A visão computacional com IA em câmeras de vigilância analisa o que uma pessoa está fazendo para monitorar comportamentos suspeitos por razões de segurança. Mas, ao fazê-lo, está reconhecendo atividades como conversar com pessoas, ler e atender o telefone. Da mesma maneira, agora é aceitável que chamadas telefônicas de trabalho possam ser gravadas, especialmente com clientes, mas isso significa que há dados disponíveis para que o PLN analise o conteúdo das conversas telefônicas dos funcionários.

Com todos esses dados disponíveis, sob justificativa de segurança, entre outras, não há motivo técnico para que eles não possam ser usados pela IA para propósitos mais questionáveis. Para uma empresa, isso poderia ser útil para melhorar o desempenho da equipe. Mas um empregador tem outras obrigações e restrições. Como veremos mais à frente, não está claro quem deveria ser o responsável por decidir quais seriam os limites em tais situações, e o que acontece se eles forem ultrapassados.

E isso não é só teoria. Assim como nos demais temas tratados neste capítulo, os exemplos já começam a aparecer, ou chegarão em breve. No começo de 2020, o Banco Barclays introduziu uma nova iniciativa de monitoramento de funcionários, na qual a IA rastreava dados sobre quanto tempo os funcionários passavam em suas mesas. Houve protestos, e a iniciativa foi suspensa (MAKORTOFF, 2020); contudo, na época, o banco não explicou se a havia descartado ou apenas pausado, e também não ficou claro se eles viram algo de errado com o princípio da iniciativa, ou se o problema foi a sua aceitação.

Esses exemplos ilustram como a IA está começando a mudar muitas formas aceitas de se abordar atividades cotidianas normais. Ainda que traga muitos benefícios, também deixa margem para dilemas, desafios e questões mais amplas, como veremos nos últimos capítulos do livro, nos quais exploramos as questões que a IA e o AM propõem a respeito de nosso futuro.

5 Os riscos, as consequências e os dilemas trazidos pela IA

"'CONTINUE, POR FAVOR', ELE DISSE. 'NÃO HÁ NADA QUE ME AGRADE MAIS DO QUE OUVIR UMA INTELIGÊNCIA ALTAMENTE CAPACITADA PASSANDO POR CIMA DO BOM SENSO E TIRANDO CONCLUSÕES ERRADAS. RENOVA MINHA FÉ NA DEMOCRACIA PARLAMENTAR'."

TOM SHARPE (*Wilt on high*), autor e romancista satírico

Qualquer nova tecnologia traz consigo desafios e dilemas; alguns são significativos; outros, meramente inconvenientes. Até hoje, de forma geral, conseguimos encontrar respostas para suas implicações. Algumas, como a eletricidade, moldaram a sociedade; outras, como o comércio eletrônico, também tiveram um grande impacto, mas foram somente formas melhores de realizar atividades que já eram familiares. A IA promove ambos os efeitos.

Até o momento, na verdade, só vimos o lado bom da IA e ainda não vivenciamos muitos problemas. Talvez seja mais correto dizer que estamos começando a ver as primeiras consequências negativas, mas ainda não pudemos avaliar completamente sua natureza e implicações. As preocupações públicas em relação à IA permanecem relativamente teóricas e em geral focam no futuro a longo prazo.

Este capítulo pretende ajustar quaisquer percepções que possamos ter de que as dificuldades que enfrentaremos por causa da IA estão muito distantes. Nele são descritas as potenciais dificuldades e como elas surgem.

QUEM DECIDE AS REGRAS?

Existem riscos e problemas em quase todos os exemplos de IA vistos até o momento, que costumam surgir com as novas tecnologias, na maioria dos casos. Não que não sejam importantes, mas a história nos mostra que esse tipo de questão é resolvido muitas vezes por quem desenvolve tais tecnologias. Não fosse assim, não sobreviveriam, ou pior, não ganhariam dinheiro, hoje em dia.

Contudo a IA também traz consigo uma série de questões maiores que vão além do escopo de qualquer aplicação, pesquisa ou até instituição individual. As raízes de muitas delas estão em temas insolúveis, como o significado de *controle* para uma máquina inteligente criada por humanos, especialmente quando ela pode aprender e talvez até possuir uma mente, algum dia.

O QUE SIGNIFICA *CONTROLE* EM IA?

Nossos ancestrais, que foram os primeiros a conceber a IA, imaginavam as máquinas pensantes como escravos e criados, encarregados de atender a uma expectativa natural de senhores humanos superiores. Hoje consideramos a IA mais como uma ferramenta do que como um escravo, mas como ela tem inteligência, a questão do controle continua sendo importante. Controle, em um contexto de IA, significa:

» projetar como a IA entrega respostas e resultados; portanto o controle de seu funcionamento correto;
» decidir como os resultados da IA são usados na prática; portanto o controle do uso, do mau uso e do abuso daquilo que a IA obtém;
» proteger aqueles que possam sofrer algum inconveniente ou até danos causados pela IA; ou seja, o controle das consequências da IA quando algo sai errado.

São três tipos de controle diferentes, com distintas abordagens para alcançá-lo. A maior dificuldade em todos eles é a falta de *regras* acordadas e de autoridades associadas que as apliquem. Não seria impossível especificar as questões relevantes e formular sugestões para administrá-las. O desafio, claro, seria o acordo. Portanto a ênfase aqui não será nas regras que deveriam existir, mas, sim, em quem as deveria decidir.

Da mesma maneira, definir quem tem a autoridade para aplicar quaisquer regras é ainda mais complexo, pois levanta a questão da capacidade das leis de resolverem problemas que seriam inconcebíveis quando elas foram escritas. Por muitos motivos, também é improvável que seja simples contar com empresas e agências reguladoras para aplicar as regras, e um dos principais é sua motivação.

Quando se trata de controlar o uso da IA, é difícil, para quem está do lado de fora de uma organização, saber como a IA está sendo usada, e, portanto, se está sendo mal usada. Por exemplo, se clientes menos abastados têm seus pedidos de empréstimos negados com frequência, não é fácil para eles descobrirem se seu crédito foi avaliado de forma justa ou se fatores como raça foram usados.

O que torna tudo ainda mais complexo é o fato de aqueles que tomam as decisões não poderem conhecer os fatores considerados. Por descuido ou erro humano, é possível que a IA não seja impedida de considerar dados socioeconômicos ou pessoais de forma inapropriada. Se ela tiver a permissão de buscar padrões em dados como esses, pode acabar usando-os para *melhorar o desempenho* das decisões sobre concessão de empréstimos de uma maneira que não deveria ser permitida. Ainda que houvesse controles implementados durante o projeto inicial para evitar isso, ter o AM significa que esses controles não continuariam necessariamente funcionando se os cálculos mudassem com o tempo.

Por fim, ao olhar brevemente para o controle das consequências dos problemas da IA, o que estamos de fato discutindo aqui é a aplicação e a reparação para quando as regras (ainda inexistentes) forem infringidas. Uma opção é adaptar as leis, regulações e regras existentes para lidar com a IA; a outra, criar novas normas para os desafios singulares da IA. Considerando o tempo que levou para lidar com novos desafios como a regulação da privacidade de dados, não está claro como encontraremos uma resposta apropriada e aceitável internacionalmente para os desafios da IA.

Uma analogia humana com a medicina

Podemos tentar implementar essas ideias com um equivalente sem IA, e então ver como as mesmas coisas funcionariam com IA. Uma área em que esses conceitos se aplicam diretamente é a da saúde. Questões equivalentes sobre controle incluiriam: Como sabemos e garantimos que médicos humanos obterão os resultados certos? Podemos ter confiança de que eles estejam fazendo a coisa certa com esses resultados? E o que acontece se eles entenderem algo errado?

Confiamos em médicos humanos porque todas essas questões já foram pensadas e abordadas, e damos credibilidade àqueles que cuidaram dessas questões por nós. Por exemplo, presumimos e podemos verificar se um médico tem formação adequada e foi atestado como competente. Também sabemos que eles usam instrumentos e ferramentas (por exemplo, monitoramento de pressão arterial, laboratórios para análise de sangue) confiáveis, também certificados. Se, apesar de tudo isso, acontece algo de errado, os médicos, os fabricantes de instrumentos e as instituições médicas são regulados por órgãos de ampla credibilidade.

A maior parte de nós não verifica nada disso ao visitar um hospital conhecido, mas é algo possível de se fazer em uma consulta com um médico novo. Podemos não conferir sua competência, mas pesquisar suas qualificações, seu histórico profissional e até mesmo depoimentos de outros pacientes. Da mesma maneira, normalmente não procuramos saber se seus instrumentos ou laboratórios são confiáveis, mas, caso exista a preocupação, é possível averiguar certificações e aprovações de agências reguladoras.

Aplicando na IA a analogia com a medicina

Para fazer a comparação com a IA, agora precisamos de uma discussão hipotética, porque a IA na medicina ainda é usada primariamente como auxiliar de médicos humanos. Nosso exemplo é de um médico artificial que ainda não existe, que pacientes poderiam consultar no lugar de um médico humano.

Suponhamos que você consulte um clínico geral artificial, uma máquina falante treinada em medicina geral projetada para discutir e avaliar seus sintomas, prescrever tratamentos para certas doenças ou encaminhar o paciente para especialistas, no caso de outras. Você procuraria saber as mesmas três informações que buscaria em um médico humano, antes mesmo de considerar se permitiria que a IA lidasse com seu problema de saúde?

- » (a) São competentes?
- » (b) Seus instrumentos e ferramentas são confiáveis?
- » (c) São efetivamente regulamentados?

E é aqui que está um dos maiores desafios no uso de IA no dia a dia. Quem deveria garantir que as respostas a essas perguntas serão aceitáveis, e quem deveria responsabilizar essas pessoas? São perguntas críticas para algo tão importante quanto a assistência médica, e a maioria das pessoas se importaria muito com elas antes de trocar um médico humano por uma versão em IA. Mas podemos não prestar tanta atenção quando se trata de um exemplo menos extremo.

Para encontrar uma resposta melhor, talvez seja necessário pensar em uma pergunta ligeiramente diferente aqui, considerando nossa compreensão básica de como a IA funciona. A questão não deve ser quem garante que nossas perguntas sejam respondidas, mas, sim, como se obtêm essas respostas.

Voltemos ao médico artificial hipotético que pergunta ao paciente sobre seus sintomas, e decide qual o tratamento necessário, se for o caso. Para entendermos a IA envolvida, a atividade seria dividida em etapas menores, para encontrar as inteligentes e olhar para os dados, os algoritmos e o AM envolvido a fim de obter e aprimorar as melhores respostas.

Nesse exercício, encontraríamos algum PLN para entender nossos sintomas, e alguma forma de busca inteligente e predição para avaliar seus possíveis significados e as ações a serem tomadas. Para ter confiança no médico de IA, seria necessária uma confirmação de que o designer de PLN fez um trabalho eficiente em extrair informações médicas úteis a partir de nossas palavras. Também iríamos querer ter muita certeza de que a busca de sintomas por meio de IA tivesse acesso a um banco confiável de sintomas e que a predição por IA encontrasse com precisão a doença mais provável. Mas também precisaríamos da garantia de que a IA não desconsiderou doenças menos improváveis e mais graves.

Obviamente há muito mais elementos que precisariam nos garantir. Então, a pergunta que se faz de fato é: a pessoa que aprovou esse recurso de IA para uso médico conhece o suficiente a respeito de IA e saúde para fazer as perguntas e respostas certas em nosso nome? Como pacientes, também deveríamos saber o quanto podemos confiar nisso.

Esses questionamentos nos trazem de volta ao tema desta seção. A maior parte de nós provavelmente não consegue verificar se a IA que vivenciamos é confiável, segura e correta no que faz. Talvez seja preciso, então, verificar as pessoas que decidem que ela é tudo isso e insistir em formas de responsabilizá-las.

DECIDINDO O QUE SIGNIFICA UMA IA *BOA* E *MÁ*

Existem muitos dilemas, riscos e desafios associados à IA, e a lista só se estenderá à medida que formos encontrando novas formas de usá-la. Um dos mais difíceis é um antigo dilema filosófico em torno do significado do que seria *bom* e *mau*.

BOM E MAU EM TERMOS FILOSÓFICOS

Deve haver uma longa discussão sobre o que acontecerá caso a IA caia em mãos *erradas*, de ladrões, golpistas e terroristas. Não vamos entrar no debate sobre se a IA é *boa* ou *má*, porque tem mais a ver com segurança do que com IA. Suponhamos que todos os humanos envolvidos sejam bem intencionados, e que não haja malícia ou mau uso com que nos preocupar, o que restringiria a discussão a um problema um pouco mais administrável. Como a IA lida com escolhas difíceis, nas quais o *certo* e o *errado* não são necessariamente óbvios?

Um exemplo clássico que costuma ser citado por filósofos para ilustrar essa questão é o Dilema do Bonde (THOMSON, 1976), um experimento mental sobre uma escolha entre ação e inação, sendo que ambas causam a morte de pessoas. Imagine que você está perto de uma linha de trem, por onde está passando um bonde desgovernado. Mais à frente, você vê cinco pessoas que morrerão quando o bonde atingi-las. Perto de você, há uma alavanca que desviará o bonde para outro trilho, sobre o qual há uma pessoa. Se você não fizer nada, cinco pessoas morrerão como efeito da sua inação; se puxar a alavanca, somente uma morrerá, mas como resultado de sua ação.

A IA não oferece resposta alguma para o dilema filosófico implícito, mas o novo problema que ela levanta é a forma como você representa e avalia as escolhas. Nós já vimos que um dos elementos cruciais da IA é o uso de linguagem matemática para representar atividades, dados e decisões. Então a IA depende de matemática, estatística e lógica para tomar tais decisões.

Deve ser clara a forma como um cientista de dados representaria esse dilema com base no número de vidas perdidas. Resumindo, uma vida perdida é *melhor* que cinco, então a matemática que justifica o uso da alavanca é clara. Se projetada dessa forma, a IA puxaria a alavanca porque a resposta é óbvia do ponto de vista matemático.

No entanto a questão filosófica está em tirar uma vida ao fazer algo ativamente, em vez de permitir que uma vida seja perdida pela inação. Existe uma escola de pensamento que diz que tirar uma vida ativamente deve ser considerado *pior*. Em vez de entrarmos nesse debate, a questão é que, na IA, ambos os fatores podem ser representados matematicamente: quantas vidas são perdidas e também o quanto a decisão de tirar a vida é *ativa*.

Se a representação incluir ambos os fatores, o cientista de dados precisa decidir o peso de cada fator em relação ao outro. Ele pode, por exemplo, tornar uma decisão ativa de tirar a vida dez vezes *pior* do que uma passiva. Se o outro fator continuar sendo representado como o número de vidas perdidas, então existe um elemento simples de aritmética envolvido agora: causar ativamente a morte de uma pessoa é duas vezes pior do que deixar que cinco morram passivamente, então a alavanca não deve ser puxada.

Se a aritmética não for clara, a escolha pela ação, que envolve puxar a alavanca, é 10, pela natureza ativa da escolha, vezes 1, pelo número de vidas perdidas, resultando em uma pontuação de 10 ($10 \times 1 = 10$). A pontuação alternativa é 1, pela natureza passiva da escolha, vezes 5, pelo número de vidas perdidas, resultando em uma pontuação de 5 ($5 \times 1 = 5$), metade da outra pontuação.

Não é o objetivo desse exemplo estabelecer qual é o certo e qual é o errado; essa era a finalidade do debate sobre o experimento original do bonde, e é claro que não existe resposta certa ou errada. Nosso intuito é mostrar por que é importante entender o que está sendo representado pela matemática por trás de um recurso de IA. Igualmente importante é quem está fazendo quais juízos e decisões ao projetar a IA que aplicará sua lógica na prática.

A IA já está afetando boa parte de nossas vidas. Mesmo presumindo que os responsáveis por projetá-la estejam fazendo o que acreditam genuinamente ser o certo, a questão é que não deveriam ser eles a tomar algumas dessas decisões. Mas, a menos que se perceba o que está envolvido, talvez sequer pensemos em fazer tais questionamentos.

Obviamente se trata de um exemplo extremo, mas o princípio se adequa a todas as aplicações da IA. Por exemplo, se a IA é usada para tomar uma decisão sobre o acionamento de um seguro ou a atribuição de uma vaga em uma disciplina, ainda é importante saber que respostas *certas* e *erradas* estão sendo decididas com o uso de uma lógica que foi projetada de forma apropriada e aceitável.

Bom e mau em termos de desempenho empresarial

Agora que já analisamos exemplos extremos de *bom* e *mau* na IA, podemos nos voltar para o mundo mais prosaico da IA nos negócios, no qual o simples ato de tentar desempenhar melhor uma atividade empresarial pode criar dilemas. É claro, estes não envolverão riscos à vida, ou ao menos isso não deveria ser comum, mas os desafios relativos à IA ainda podem ser complexos. Isso porque a IA é um modo potente de melhorar o desempenho de uma atividade. Se não houver clareza quanto ao significado de *melhoria de desempenho*, podemos rapidamente criar dificuldades que sejam difíceis de detectar e mais difíceis ainda de desfazer.

Decidir o que significa *melhoria de desempenho* é fundamental na determinação do escopo e do objetivo de qualquer elemento de IA estreita, representando a base para a lógica que designers humanos constroem e os algoritmos que eles selecionam. À medida que traduzem *melhoria de desempenho* em metas, medições e projetos de IA, eles estão configurando como a IA avaliará as escolhas.

Em aplicações comerciais de IA, uma *boa* escolha é aquela que ajudará a melhorar o desempenho da atividade comercial. O que isso significa, na prática, depende da definição de *melhoria de desempenho* dada aos designers de IA. Além disso, a relação entre essa e qualquer etapa individual na atividade, tal como os fatores de risco aceitáveis a serem usados ao se calcular uma pontuação individual de aprovação de empréstimo, é invariavelmente complexa.

Então, nas aplicações comerciais de IA, *certo* e *errado* não têm nada a ver com moralidade e filosofia, ou se designers de IA têm *boas* ou *más* intenções. É algo muito mais neutro; uma pontuação que os designers de IA atribuem a um fator, normalmente um dentre muitos, e em geral fazem parte de um cenário complexo de objetivos, prioridades e pressões comerciais. E, acima de tudo, estão os objetivos abrangentes do negócio que está pagando pela IA, como a cotação das ações ou o faturamento.

É por isso que a IA usada nos negócios tem o potencial de criar resultados inesperados e por vezes inaceitáveis, ainda que seus designers possam ter feito sinceramente o possível para resolver um problema comercial relativamente neutro. O próprio ato de estabelecer objetivos de melhoria de desempenho para um trabalho em IA pode incorporar influências *boas* e *más* aos resultados. À medida que estes são traduzidos em detalhes de um algoritmo, e depois refinados por AM, a ligação entre essas influências e o resultado final pode se tornar difícil ou até mesmo impossível de detectar.

O objetivo desta seção é tornar mais concreto o motivo pelo qual a questão do *bom* e do *mau* no trabalho com IA é tão importante, assim como a pergunta sobre quem decide o que isso significa. Isso vale especialmente para quando esses tomadores de decisões enfrentam combinações complexas de objetivos, prioridades e pressões pessoais, comerciais ou até mesmo eleitorais.

É TARDE DEMAIS PARA PERGUNTAR QUEM DEVERIA *CONTROLAR* A IA?

Foi abordada a necessidade de regras em torno do controle da IA, pelo motivo de ela ser tão importante quanto difícil. Também exploramos como o conceito de *bom* e *mau* não é simplesmente uma questão moral ou filosófica para a IA. Por fim, vimos como isso leva a outro aspecto do controle, que é a decisão de quais medidas são usadas para avaliar os resultados produzidos pela IA e as implicações para os projetos, os designers e aqueles que encomendam trabalhos em IA.

Um tema abordado neste capítulo foi: quem deveria estabelecer tais regras e controles, e como essa pessoa deveria ser responsabilizada. Nessas questões está implícito que existe uma escolha. Esta última seção analisa essa escolha e se ela ainda existe na prática. Há quem argumente que as respostas já estão sendo formuladas, e que as próprias pessoas que as estão moldando já as escolheram.

Faremos isso a partir da análise de algumas das possíveis fontes de controle e regras da IA. São lugares que poderíamos procurar no futuro para garantir que ela permaneça dentro de limites aceitáveis. Primeiro seria necessária alguma espécie de consenso a respeito das questões envolvidas e sua importância relativa. Isso não equivale a respostas para perguntas difíceis, mas, sim, a um acordo quanto a quais seriam as perguntas e o que deve ser considerado na hora de formular as respostas.

Outra parte do desafio de se implementar controles em torno da IA é a relação dinâmica entre governos, cidadãos, especialistas, corporações e legisladores. Todos esses são partes interessadas no mundo que está sendo criado pela IA, e estão todos ocupados lidando com muitos outros problemas. Com algumas exceções, parece pouco realista esperar que qualquer um deles vá agir sozinho e esperar obter um acordo dos demais. Como se viu no caso da energia nuclear, da mudança climática e da liberdade de expressão, quanto mais controverso, complexo e importante é o assunto, mais trabalhoso é conseguir um amplo alinhamento. E uma ação significativa é ainda mais difícil de se obter.

Vamos começar com o que poderia ser o lugar mais eficaz para regras e controles sobre questões importantes: as leis.

O QUE AS LEIS PODEM FAZER A RESPEITO DA IA?

Para que as leis funcionem, elas precisam de um quadro de situações e regulações que possam ser testadas nos tribunais. Já existem leis passíveis de aplicações aos problemas potencialmente criados pela IA, mas seu contexto original é muito distante de um mundo de máquinas pensantes. É difícil imaginar como a maioria delas teria um uso prático.

A outra dificuldade relativa às leis existentes é o dever de incluir reparações. Se alguém foi injustiçado por um ato ilícito, a lei relevante deveria prescrever uma forma de compensar pelos dados causados. Mas as consequências dos problemas causados pela IA são complexas, e muitas das leis que poderiam ser aplicadas a ela são limitadas a indenizações financeiras.

Falando friamente, com as somas de dinheiro em jogo para os envolvidos com IA, pode valer a pena pagar essas indenizações.

A história mostra que leis feitas às pressas muitas vezes são fracas e podem até mesmo piorar um problema que elas deveriam sanar. Então é com bons motivos que os legisladores costumam ser conservadores, ao optarem por um pensamento ponderado e de longo prazo. Não é algo que resulte em mudanças rápidas, o que contrasta com o ritmo da IA que passou a avançar velozmente. A curto prazo, não é óbvio como a lei poderia acompanhar a IA e seus possíveis problemas, tampouco está claro como a lei poderia oferecer uma ajuda prática na resolução das questões das regras e controles para a IA.

PODEM AS AGÊNCIAS REGULADORAS CONTROLAR A IA DE FORMA EFICAZ?

Em algumas áreas em que a lei não conseguiu ou não quis interferir, as agências reguladoras tentaram oferecer controles, normalmente em nome dos consumidores. Às vezes, esses órgãos são formados voluntariamente por empresas no setor afetado; outras, são estabelecidos pelos governos, respaldados por poderes protegidos por lei.

Por motivos óbvios, as empresas preferem as autoridades regulatórias às judiciárias, especialmente se elas puderem ser persuadidas a permitirem a autorregulação. Ocasionalmente, isso funciona; porém também pode ser um passo dado involuntariamente na direção de um controle mais rigoroso da indústria. Essa é, certamente, uma abordagem que pode andar mais rapidamente do que soluções legais, mas ela tem seus desafios próprios.

Uma das dificuldades é o fato de as agências reguladoras normalmente serem formadas para um setor específico, mas os problemas a se considerar se aplicam a qualquer setor que use a IA. Contudo isso é superável, e um segmento de IA intersetorial provavelmente poderia ser definido sob alguma forma. Também há precedentes para áreas que afetam todas as indústrias, como a da privacidade de dados. Mas esse exemplo também mostra que a regulação precisa de poder efetivo para funcionar, uma vez que tentativas iniciais de introduzir códigos de conduta para a privacidade de dados não detiveram os grandes culpados. Regras e princípios podem ser estabelecidos por meio de órgãos das indústrias, além de criar modelos para leis posteriores, se necessário.

Talvez o maior desafio para uma abordagem regulatória para a IA seja o fato de que muitas vezes não há um meio fácil de forçar as empresas a se permitirem ser reguladas. Em alguns casos, já existe alguma forma de compulsoriedade legal instaurada, como licenças que devem ser adquiridas (no caso dos bancos e concessionárias de energia), mas, quando não há, basta que um único grande nome do mercado se recuse a aderir à regulação para minar todos os esforços.

A outra dificuldade significativa com os controles regulatórios é que eles costumam funcionar em níveis nacionais ou regionais, e poucos quadros regulatórios se aplicam internacionalmente. Isso é importante porque a luta pela supremacia da IA começou a se dividir em linhas nacionais e regionais, e os Estados Unidos e a China, em especial, estão liderando o trabalho global com IA em praticamente todas as frentes. É improvável que as empresas de qualquer um dos países concordem com regulações sem a participação do outro, e também é de se pensar se seria do interesse desses governos que suas empresas concordassem.

Os órgãos regulatórios podem muito bem começar a aparecer e exercer um papel maior no trabalho com IA em alguns países e temas. Mas não está claro qual seria o caminho a partir disso até uma regulação abrangente da indústria, já que uma regulação inconsistente poderia se revelar pior do que uma ausência de regulação.

A PRESSÃO PÚBLICA PODE FAZER DIFERENÇA?

Em algumas áreas, nem leis, nem agências reguladoras fizeram o suficiente para satisfazer a opinião pública. A reação negativa resultante promoveu, em alguns casos, a conscientização sobre um problema; em outros, forçou mudanças. No entanto, em outros assuntos, a pressão pública não fez diferença alguma na prática. Entre as áreas em que mais se ouviu a voz da opinião pública, estão o desarmamento nuclear, a mudança climática e a igualdade de direitos. A diferença real que essa pressão possa ter causado talvez seja questionável, mas no mínimo deixou governos e corporações mais ponderados em suas ações.

O que há em comum entre esses e tópicos similares são os grandes grupos de pessoas que se importaram o suficiente com alguma questão a ponto de agirem. Um segundo aspecto em comum é a proposição de uma tarefa ou ação relativamente simples, em geral a tentativa de impedir algo. A tarefa pode ser pouco realista ou ambiciosa, ao menos inicialmente, mas ela cria uma mobilização que une as pessoas.

Considerando os benefícios que a IA oferece e a forma como ela se tornou intrínseca à vida cotidiana, parece improvável que um número suficiente de pessoas venha a se importar o bastante para que a IA vire alvo de protestos públicos. Outro motivo que torna improvável uma comoção geral é a consciência pública relativamente pequena dos riscos, questões e consequências envolvidos.

É claro, tudo isso pode mudar em algum momento, mas ninguém parece esperar que ocorra tão cedo. Atualmente, não há equivalente algum às campanhas contra o desarmamento nuclear ou em prol do meio ambiente direcionado para a IA, embora um grupo chamado *A campanha para deter robôs assassinos* venha ganhando força desde 2012 (WAREHAM, 2020), e agora tenha um grande número de seguidores em todo o mundo.

Os governos querem controlar a IA?

A resposta curta é um sonoro *sim*, e alguns deles sequer escondem essa vontade. Até mesmo os que adotam formas tradicionais de democracia não deixam claro como pretendem usar a IA. Boa parte do desenvolvimento dela, por exemplo, foi e é dirigido por governos nas áreas de defesa e segurança.

O uso de IA em guerras é uma perspectiva aterrorizante, mas não é um cenário tão simples quanto empregá-la como uma ferramenta militar ou de espionagem. O poder econômico tornou-se tão importante quanto o militar, e a IA é vista como uma parte crucial do crescimento econômico futuro. Nenhum governo, especialmente entre as maiores potências, pode se dar ao luxo de ficar para trás no potencial da IA, e todos acreditam que ela possa trazer enormes benefícios econômicos. Isso não se aplica somente a países com as maiores economias ou populações, pois as nações menores já usaram anteriormente vantagens tecnológicas para ter maior influência econômica.

Portanto, considerando o potencial de importância geopolítica da IA, não parece ser do interesse de governo algum pressionar por um patamar de igualdade na IA. Tampouco se tem uma compreensão clara a respeito de suas prioridades e objetivos.

Quem restou?

Descontando os grupos que examinamos até o momento, resta um lugar onde as regras e os controles da IA podem surgir e já começaram a aparecer. São as grandes corporações que lideram o trabalho com IA no mundo, que consistem de nove empresas (MCKENDRICK, 2019) dos Estados Unidos e da China: Alibaba, Amazon, Apple, Baidu, Facebook, Google, IBM, Microsoft e Tencent.

Conhecidas por alguns como as Big Nine, elas são responsáveis pela grande maioria das inovações em IA do planeta, e controlam ou influenciam a maior parte das pesquisas do mundo em IA. Vários especialistas já indicaram que são essas nove organizações que mais têm controle sobre o futuro da IA e seu efeito sobre a raça humana. É algo muito difícil de contestar.

Este capítulo completa nossa jornada para tentar entender o que são a IA e o AM, e como eles funcionam. Com isso, você terá o suficiente para uma visão embasada e equilibrada desse assunto que é, ao mesmo tempo, fascinante, impressionante e assustador, e do que ele pode reservar para você. Ele também permitirá que você especule sobre como seria um futuro com IA, que é o assunto do próximo e último capítulo.

6 O fim do começo ou o começo do fim?

"O MAIOR RISCO DA INTELIGÊNCIA ARTIFICIAL É, DISPARADO, QUE AS PESSOAS CONCLUAM RÁPIDO DEMAIS QUE ELAS A ENTENDERAM."

ELIEZER YUDKOWSKY, cofundador do Machine Intelligence Research Institute

Muitos especialistas dedicaram-se profissionalmente à reflexão sobre a IA. Construíram conhecimento sobre o passado, o presente e o futuro, e conquistaram o direito de serem considerados autoridades no assunto. Veremos o que alguns dos mais renomados têm a dizer sobre como poderia ser um mundo habitado por máquinas que pensam e aprendem.

Ao destacar suas perspectivas, selecionei suas ideias mais relevantes de IA, suas principais mensagens e pontos de vista. Mas, como se trata de uma interpretação minha, a melhor maneira de compreender completamente o que eles disseram é lendo ou ouvindo suas próprias palavras.

Algumas das ideias são complexas, muitas são controversas. Mas todas são válidas e devem ser consideradas com atenção. A coletânea inclui alguns dos meus especialistas favoritos, mas, em razão da limitação do espaço, omiti muitos outros igualmente interessantes e perspicazes. Os nomes aqui presentes cobrem formações diversas, como academia, indústria e jornalismo. Comecemos com alguns dos gigantes do mundo da ficção científica.

O FUTURO DE ACORDO COM A FICÇÃO CIENTÍFICA

Arthur C. Clarke

Sir Arthur Charles Clarke, juntamente a Robert Heinlein e Isaac Asimov, foi um dos três maiores escritores de ficção científica do século XX (HOLFORD, 2019) e vencedor de muitos prêmios. Sua fascinação pelas viagens espaciais, somada à sua formação em física, resultou no fato de que muitas de suas previsões, em especial sobre viagens espaciais, se provassem válidas do ponto de vista científico. De fato, ele escreveu vários trabalhos de não ficção sobre o espaço e tecnologia espacial, sendo que um deles influenciou o desenvolvimento da atual tecnologia de GPS (GABRYNOWICZ, 1956).

Ele é considerado muito influente na popularização da ciência e da tecnologia e chegou a receber um prêmio da Unesco dedicado a isso, o Kalinga Prize (UNESCO, 2020). Foi convidado diversas vezes a falar sobre tecnologia espacial, inclusive como comentarista de TV durante o pouso da Apollo 11 na Lua.

Escreveu sobre tecnologia espacial e seu uso, mas tinha igual interesse pelo impacto da tecnologia na sociedade. Seus livros incluíam descrições de tecnologias fictícias que se tornaram realidade, e estas foram consolidadas em uma série de ensaios, livros e entrevistas. Além do GPS e da TV por satélite, ele também descreveu versões da World Wide Web, do internet banking e dos smartphones.

Arthur C. Clarke foi incluído nesta lista porque a inteligência de máquina foi um tema constante em todo seu trabalho, normalmente descrita em termos de sua aplicação, mais do que de sua tecnologia. Sua representação mais realista foi no filme *2001: Uma odisseia no espaço*, baseado no seu conto "A sentinela".

Um dos *personagens* principais desse filme, descrito como um dos mais influentes de todos os tempos (CHIASSON, 2018), é um computador senciente chamado HAL 9000, o qual se tornou um dos exemplos mais conhecidos da IA geral, e talvez da IA super-humana. A inspiração para ele e toda a tecnologia do filme veio de cientistas de IA da época; aliás, Marvin Minsky, uma das figuras mais respeitadas da área, foi um dos consultores do filme. A IBM também foi consultada durante a produção, resultando em um dos primeiros exemplos de inserção de marca de um produto de tecnologia.

HAL é um exemplo do que uma IA geral ou super-humana poderia parecer, além de incluir muitas formas de IA estreita que conquistamos a partir desse momento, como PLN, reconhecimento facial, jogo de xadrez, piloto automático, análise de sentimentos, leitura labial e, até mesmo, apreciação de arte.

O que diferencia *2001* de outros trabalhos é a representação do que acontece quando a IA dá errado, ao personificar o dilema de uma IA geral que foi projetada incorretamente. Nesse caso, um conflito de programação faz HAL concluir que matar os astronautas humanos é a ação lógica e correta para atingir suas metas.

As razões pelas quais ele toma essa decisão são uma nítida culminação de muitas das questões levantadas na discussão anterior sobre a ética da IA. Sendo essencialmente uma visão pessimista, ela mostra um caminho plausível que leva a IA a se voltar contra seus criadores humanos. No entanto é somente uma visão que contrasta com as sugestões do grande rival de Clarke, Isaac Asimov.

Isaac Asimov

Conforme mencionado, Isaac Asimov é outro dos três maiores escritores de ficção científica, os *big three*. Ao contrário de Clarke e Heinlein, as paixões de Asimov ficam mais perto da Terra, e seus textos sobre robótica continuam sendo extremamente influentes. Qualquer um que trabalhe com IA, especialmente no século XX, provavelmente conhece sua obra.

Asimov, que era bioquímico, escreveu sobre diversos temas, tanto em ficção quanto em não ficção. Sua produção literária sobre IA girava basicamente em torno de robôs, mais do que de computadores. Conhecia Marvin

Minsky pessoalmente, e também era amigo próximo de Gene Roddenberry, criador de *Star Trek*. Ele foi, aliás, consultor científico no primeiro filme do *Star Trek* (MARSHALL, 2015).

Sua contribuição mais visível à IA não é tão conhecida quanto suas outras realizações: ele foi a primeira pessoa a usar a palavra *robótica* sob a forma impressa (em 1941). Mais tarde, afirmou não ter percebido que não se tratava de uma palavra pré-existente (SHEPPARD, 2000). Sua colaboração mais conhecida para a IA são suas Três Leis da Robótica, que consistem em um quadro ético para regular as ações da IA (SHEPPARD, 2000). Embora teóricas e fictícias, ainda assim são uma abordagem lúcida para a governança da IA, aplicável não somente a robôs, como também à IA geral. Elas postulam três regras em ordem de prioridade, integradas ao cérebro artificial de cada robô, que governam todas as suas atividades. A primeira lei, soberana às demais, determina que os robôs não devem fazer mal aos humanos, inclusive pela inação.

Uma preocupação comum a respeito da IA geral e super-humana é o risco de que elas se voltem contra seus criadores humanos, talvez para a própria sobrevivência. As leis de Asimov abordam essa questão, incluindo a autopreservação do robô como a terceira lei, contanto que não entre em conflito com as duas primeiras. Já a segunda lei garante que o robô sempre obedeça às instruções humanas, a menos que entre em conflito com a primeira lei.

Além de sua enorme influência sobre pesquisadores de IA do século XX, Asimov foi incluído aqui por ter nos dado uma perspectiva inerentemente otimista de como a IA pode se desenvolver mantendo-se benigna. A influência de sua obra, indireta ou reconhecida, terá participação garantida na forma como tomaremos decisões no futuro sobre o controle e o gerenciamento da IA.

O FUTURO DE ACORDO COM CIENTISTAS E ACADÊMICOS

Ray Kurzweil

Ray Kurzweil é conhecido por muitos como escritor e futurista. Talvez não tão notório seja o fato de que sua escrita se baseia em uma longa e distinta carreira em IA, que inclui um trabalho com Marvin Minsky no MIT. Vencedor da Medalha Nacional de Tecnologia e Inovação, a mais alta condecoração dos Estados Unidos em tecnologia, ele foi eleito um dos "16 revolucionários que fizeram os Estados Unidos" (P. B. S., 2004).

Kurzweil escreveu profusamente sobre a convergência das capacidades humanas e técnicas, em especial o conceito de Singularidade, descrito a seguir. Sua perspectiva é positiva, e suas previsões a respeito da IA recaem em duas grandes categorias:

> » como a tecnologia inteligente se tornará onipresente, permeando e melhorando cada aspecto da vida humana;
> » como a tecnologia inteligente, incluindo a robótica, a nanotecnologia e a biotecnologia, estenderá a vida humana.

A Singularidade

A Singularidade descreve o momento em que a IA e outras tecnologias avançadas começariam a crescer em um ritmo irreversível, e não mais sob o controle humano. Isso resultaria em mudanças drásticas na vida humana que não poderiam ser previstas pela simples extrapolação de ritmos passados de desenvolvimento. Caso isso venha a acontecer, claramente as implicações serão profundas, e as opiniões a esse respeito costumam se polarizar: para alguns, seria o gatilho do fim da raça humana; outros acreditam que se criaria a possibilidade de uma existência quase utópica. Kurzweil está ansioso pelo que adviria da Singularidade, e propôs muitos exemplos de como a vida melhoraria no caminho para a Singularidade e além (REEDY, 2017). Ele não inventou o conceito, mas provavelmente fez mais do que qualquer pessoa para divulgá-lo ao público.

O neocórtex sintético e a IA geral

Uma das sugestões mais notáveis de Kurzweil é a criação de uma versão artificial do córtex cerebral (ou neocórtex), parte do cérebro responsável por funções de ordem superiores, que incluem percepção, cognição, comandos motores, raciocínio espacial e linguagem. Em outras palavras, boa parte da lista que compõe a atividade inteligente.

Uma grande diferença entre uma inteligência inferior e superior nas espécies é o tamanho relativo do neocórtex; o humano é composto de seis camadas e contém cerca de 20 bilhões de neurônios, o dobro de células que um chimpanzé possui. Kurzweil questiona o que aconteceria se pudéssemos criar um neocórtex sintético que fosse substancialmente maior do que a versão humana – digamos, três vezes maior.

Ainda mais instigante é sua sugestão de que poderíamos conectar nosso próprio neocórtex biológico a um muito maior e sintético na *nuvem* (ISRAEL, 2015) (como a internet hoje).

É quase desnecessário dizer que Kurzweil acredita que a IA geral não só é viável, como também estará entre nós em breve (ele prevê que o teste de Turing será vencido no final dos anos 2020[1]). E ele pinta um retrato otimista de como será a vida quando for enriquecida pela IA geral, e tudo que dela decorrer.

Michio Kaku

Prolífico escritor, Michio Kaku também faz palestras e apresenta um programa de rádio sobre tecnologia e futuro, que contribuiu muito para popularizar a ciência entre o público geral. Físico e cientista talentoso, sua

---

1 Alguns alegam que o teste de Turing teria sido vencido em 2014, pela máquina russa chamada Eugene Goostman, que se passou por um garoto ucraniano de 13 anos, conseguindo confundir 33% dos juízes humanos; outros defendem que Goostman seria apenas um chatbot, e não um supercomputador dotado de grande inteligência, acrescentando inclusive que um cleverbot já teria convencido anteriormente 60% dos juízes, apresentando, portanto, desempenho melhor do que a máquina russa. De toda forma, a maioria acredita que a predição de Kurzweil ainda não se concretizou. [N.E.]

maior realização acadêmica foi a cofundação da *Teoria das cordas*, um avançado ramo da física teórica.

Pode-se dizer que seu maior dom é a capacidade de comunicar ideias complexas sobre tecnologia (KAKU, 2018). Seu estilo de fala é descrito como carismático, e ele é conhecido por pintar retratos convincentes do futuro que a tecnologia poderia trazer. Seus livros são, em sua maior parte, sobre espaço, tempo e a mente humana, e os títulos mais conhecidos são *Física do impossível*, *A física do futuro* e *O futuro da mente*.

Embora seus livros sejam best-sellers, ele alcança um público maior por meio do rádio, da TV e do cinema, com trabalhos para a BBC, o Discovery Channel e o Science Channel, entre outros, bem como com participações em programas populares da CNN, CBS, NBC, Fox News e Al Jazeera. Um de seus livros, *Hiperespaço*, chegou a inspirar um álbum de rock que foi disco de platina, chamado *Origin of symmetry* (Origem da simetria), da banda Muse.

As opiniões de Kaku sobre a IA raramente oferecem *grandes ideias* que transformem nossa compreensão sobre o tema. E isso não é ruim; pelo contrário. O que ele faz é dar uma cara às ideias e aos princípios da IA, e os transforma em histórias, explicações e questões instigantes. Ele fez, por exemplo, observações ponderadas sobre a evolução da inteligência e propôs uma arbitragem para o famoso debate entre Mark Zuckerberg e Elon Musk quanto à ameaça representada pela IA, analisando os argumentos de cada lado (LEE, 2017).

Kaku é mais um otimista quanto ao efeito da IA sobre nossas vidas no futuro. Falou e escreveu intensamente sobre a convergência entre a IA e o cérebro humano, e apresenta, de forma articulada, as oportunidades que dela surgirão. Ele menciona com frequência, por exemplo, a imortalidade, muitas vezes em termos de conhecimento infinito, bem como da existência física do corpo.

Richard Feynman

Vencedor do prêmio Nobel, Richard Feynman foi um renomado físico em meados do século XX, e é quase uma lenda para muitos estudantes, pesquisadores e professores. Responsável por introduzir os conceitos de mecânica quântica para muitos, seu trabalho foi importante no desenvolvimento da computação quântica e da nanotecnologia. Suas palestras em faculdades são leitura obrigatória até hoje para estudantes de física, e ele foi um dos primeiros cientistas a popularizarem a ciência.

Ele entrou para esta lista em virtude de uma palestra em especial, realizada em 1985, quando lhe pediram seu ponto de vista a respeito da IA geral (VEISDAL, 2019).

Foi respondendo às perguntas de forma improvisada, e IA não era uma de suas áreas de pesquisa. No entanto ele resumiu muitos dos pontos essenciais da IA, em especial a inteligência geral, e usou analogias e exemplos simples de forma muito eficaz. Uma das perguntas feitas foi:

> "O senhor acredita que algum dia haverá uma máquina que pense como seres humanos e que seja mais inteligente do que eles?".

Em resumo, sua resposta foi que não, as máquinas não vão pensar como seres humanos, mas provavelmente sim, serão mais inteligentes. Em seguida explicou essa resposta em uma ampla discussão sobre o significado de *inteligência* e *pensamento*, a analogia com o movimento natural *versus* o artificial, o porquê da inevitabilidade de que os computadores superem os humanos no que hoje chamamos de IA estreita, e vários outros pontos que atualmente formam parte do ensino de IA.

A rigor, não há nada o que aprender a partir da contribuição de Feynman para a IA que não se encontre em outros lugares. Mas ela é formulada de uma maneira tão elegante que vale a leitura só para apreciar sua articulação.

Nick Bostrom

Nick Bostrom é professor da Universidade de Oxford, onde foi cofundador do Instituto Futuro da Humanidade. Assim como o instituto que dirige, ele é multidisciplinar em suas pesquisas, unindo experiências em filosofia, física, neurociência, lógica e, é claro, IA.

Ele admite tranquilamente que seu trabalho pode parecer inicialmente "um tanto disperso", mas, se visto de perto, tudo se une em um tema comum que ele chama de "macroestratégia... o estudo de como resultados de longo prazo podem se conectar com ações do presente" (BOSTROM, 2020). Seu trabalho é fascinante, e boa parte é acessível a leigos. A área que pode ser de particular interesse, e que se destaca do trabalho de muitos outros, é a forma como ele examina o papel da tecnologia. Boa parte do que ele escreve começa com esta afirmação:

> É plausível que os resultados de longo prazo para nossa civilização dependam sensivelmente de como lidamos com a introdução de certas capacidades transformativas. A inteligência de máquinas, em especial, é um dos grandes focos.

O que transparece de seu trabalho são algumas ideias instigantes e a ilustração das conexões entre muitos dos tópicos que exploramos.

O FUTURO SEGUNDO FUTURISTAS PROFISSIONAIS

Alvin Toffler

Toffler foi outro nome conhecido entre futuristas, mas, ao contrário dos que foram mencionados até agora, sua formação não foi em ciências, tecnologia ou sequer acadêmica. Quando estudante, ele se dividiu entre uma graduação em inglês e ativismo político, além de ter conhecido e se casado com sua esposa Heidi, sua colaboradora em muitos de seus trabalhos. Além de autor de best-sellers, ele foi jornalista, educador e consultor de lideranças políticas e empresariais de todo o mundo (TOFFLER ASSOCIATES, 2020).

Sua abordagem na escrita era uma versão do *método de interpretação* para atores. Para ganhar experiência e escrever sobre produção em massa e administração empresarial, por exemplo, ele e sua esposa passaram cinco anos trabalhando em fábricas, onde ela se tornou líder sindical. A pesquisa para seu best-seller, *O choque do futuro* (*Future shock*), levou outros cinco anos e o livro é considerado um clássico do meio empresarial.

A principal teoria da obra afirmava que, quando as sociedades mudam rápido demais, elas passam por um trauma que leva à disrupção de normas anteriores, como o processo de tomada de decisões. Ele classificou esse conceito de *choque do futuro*, e salientou o rápido desenvolvimento de novas tecnologias como uma de suas causas.

Ao contrário dos demais escritores mencionados aqui, ele escreveu pouco sobre IA de forma explícita. No entanto a relevância de seu trabalho em IA é mais clara em seu clássico de 1980, *A terceira onda* (*The third wave*), no qual ele dá continuidade ao tema de *O choque do futuro*, mas no contexto das *ondas* da evolução da sociedade humana. As duas primeiras foram as revoluções agrária e industrial. A terceira, para ele, foi conduzida pela revolução tecnológica. Ele descreve essa onda em termos como tecnologia da informação, eletrônica, viagem espacial e comunicação global.

O valor da escrita de Toffler para pessoas interessadas em IA está na ideia de como a sociedade humana reage a mudanças rápidas ocasionadas pela tecnologia, em especial uma transformação que seja rápida demais para ser absorvida naturalmente. É claro, não há consenso sobre o que seria *rápido demais*. Toffler opina sobre o assunto, mas sua contribuição foi o questionamento e sua ideia subjacente, mais do que respostas específicas.

Amy Webb

Amy Webb faz parte da mais nova geração de futuristas profissionais, com uma trajetória diferente dos que vimos até o momento (COONEY, 2020). Assim como Toffler, sua formação é em jornalismo, e ela não tem experiência formal alguma com ciência ou tecnologia. Mas, durante sua atuação como repórter de tecnologia no *The Wall Street Journal* e na revista *Newsweek*, ela adquiriu uma compreensão profunda não somente de tecnologia, mas também da forma como ela afeta a economia e a sociedade.

Ela também se tornou conhecida por sua capacidade de falar sobre o tema de modo relevante e útil, que se aproxima de seus leitores. Prova disso foi o sucesso de seu primeiro livro, *Data: a love story*, seguido de vários outros. Ela escreve e dá palestras sobre IA, além de participar com frequência de debates e comitês para discutir o impacto da IA no mundo.

Uma razão específica para incluir seu trabalho no contexto deste livro são seus textos recentes sobre as melhores e piores hipóteses para como a IA nos afetará nos próximos cinquenta anos. Para isso, ela examina as grandes empresas norte-americanas e chinesas que exercem influência sobre o trabalho atual em IA; entre elas, Google, Amazon, Baidu e Alibaba.

Esses são os dois únicos *futurólogos profissionais* que vamos citar aqui. Existem vários outros atuantes nessa área hoje, e muitos têm ideias igualmente interessantes e instigantes, mas, para os objetivos muito específicos deste livro, não são tão diretamente relevantes quanto os mencionados previamente. Alguns nomes para se pesquisar incluem: Youngsook Park, a futurista sul-coreana que estuda o impacto das tecnologias modernas sobre a vida social e política; John Vary, futurólogo da John Lewis Partnership (sim, esse cargo existe!); Nicola Millard, outro futurólogo corporativo, nesse caso da BT; e Bryan Appleyard, escritor e jornalista conhecido, entre outras coisas, por suas opiniões sobre especialistas que seriam excessivamente otimistas a respeito do futuro, segundo ele.

E assim concluímos nosso panorama do que está sendo dito a respeito do futuro da IA. São vozes que representam ampla variedade de perspectivas e formações, que, combinadas, oferecem muitas percepções valiosas sobre como deveríamos formar nossos próprios pontos de vista.

ATÉ AQUI, TUDO BEM?

Ninguém consegue prever de forma exata o futuro da IA, nem como ficará o mundo à medida que ela for se desenvolvendo e se propagando. Qualquer um que tente estará no máximo fazendo conjecturas. Até mesmo os maiores especialistas só oferecem opiniões, não garantias.

A partir do conhecimento e da compreensão obtidos com este livro, você tem condições de especular por si mesmo e fazer sugestões tão válidas quanto qualquer outra que leia por aí. Não podemos saber se algum dos especialistas terá razão, nem se previsões mais visionárias de um futuro movido a IA se mostrarão equivocadas. Mas ler a respeito delas com uma perspectiva fundamentada é uma forma de ter uma base mais firme para suas próprias apostas de como o mundo ficará quando a IA for mais robusta, prevalente e presciente. E, claro, a única maneira de saber definitivamente o que a IA fará no futuro é esperar que ele chegue e vivenciá-la.

Até lá, não estamos preparados para saber de forma objetiva, racional e precisa o que o futuro nos reserva, mas, enquanto esperamos, podemos buscar pistas na história. O que podemos captar do passado é o fato de que nos surpreendemos repetidamente com o ritmo do progresso e o grau do impacto do desenvolvimento de novas tecnologias. Ao longo dos últimos séculos, a tecnologia mudou vidas drasticamente várias vezes; na maioria das ocasiões, em menos de uma geração. Entre os exemplos, estão as revoluções agrária e industrial, a possibilidade de viajar o mundo em horas, o poder da ubiquidade, os eletrônicos de bolso e assim por diante.

A tecnologia fez gerações de crianças viverem em versões do mundo que seus pais ou avós não reconheceriam. Boa parte dessa tecnologia teve seu lado negativo, que muitas vezes levou a questões difíceis em torno de controle e riscos. Em alguns casos, criou a possibilidade de ameaças à existência da raça humana. Mas ainda estamos aqui, desenvolvendo-nos como espécie, usando a tecnologia para aprimorar nossas vidas, e esperando que cada geração tenha uma qualidade de vida melhor do que as anteriores.

Então, embora haja muito pouco que possamos saber definitivamente a respeito de como será a IA no futuro, a história mostra alguns padrões recorrentes que podem ser relevantes, à medida que damos nossos próximos passos em sua direção:

> não somos especialmente bons em prever como a tecnologia se desenvolve e nos impacta. Assim, estamos constantemente lidando com possíveis implicações, especialmente as negativas.
> Mas conseguimos, de alguma forma, ir levando, e normalmente encontramos uma maneira de lidar com os problemas.
> Enquanto isso, a qualidade geral de nossas vidas continua a melhorar.

E, por enquanto, continuamos aqui!

Referências

3RDi. **AI turns enterprise search into intelligent search**, 2019. Disponível em: https://www.3rdisearch.com/ai-turns-enterprise-search-into-intelligent-search. Acesso em: 22 dez. 2021.

ACKERT, S. Engine maintenance concepts for financiers. **Aircraft Monitor**. v. 2, p. 1-43, 2011.

ADOBE. **About Color**, 2018. Disponível em: https://helpx.adobe.com/uk/photoshop/using/color.html. Acesso em: 22 dez. 2021.

ASUS. **Zenbo**, 2020. Disponível em: https://zenbo.asus.com/. Acesso em: 22 dez. 2021.

BARON, B.; STATE UNIVERSITY BALL. In defense of strong AI. **Stance Int Undergrad Philos J.** v. 10, p. 38-49, 2017.

BERGGREN, J. L. **Episodes in the mathematics of medieval Islam**. Berlin: Springer Verlag, 1986.

BERTHENE, A. **REI uses artificial intelligence for order management**, 2019. Disponível em: https://www.digitalcommerce360.com/2019/03/11/rei-uses-artificial-intelligence-for-order-management/. Acesso em: 22 dez. 2021.

BHATT, R.; GUPTA, P. Sentiment analysis. **Indian J Sci Technol**, v. 12, n. 41, p. 1-6, 2019.

BOOLE, G. **An investigation of the laws of thought**. Gearhart, OR: Watchmaker Pub, 2010.

BOSTROM, N. Bio. **Nick Bostrom's Home Page**, 2020. Disponível em: https://nickbostrom.com/bio. Acesso em: 22 dez. 2021.

BRINGSJORD, S. Strong AI is simply silly. **AI Magazine**. v. 18, n. 1, 15 mar. 1997.

BUTLER, S. **Darwin among the machines**. Christchurch, Nova Zelândia: The Press, 1863.

CENTRE FOR DATA ETHICS AND INNOVATION. AI and personal insurance. **CDEI Snapshot Series**, 2019. Disponível em: https://www.gov.uk/government/publications/cdei-publishes-its-first-series-of-three-snapshot-papers-ethical-issues-in-ai/snapshot-paper-ai-and-personal-insurance. Acesso em: 22 dez. 2021.

CHIASSON, D. 2001: A Space Odyssey: What it Means, and How it Was Made. **The New Yorker**, 2018.

COLLOBERT, R. *et al*. Natural language processing (almost) from scratch. **Computing Research Repository - CORR 12**, 2011.

COONEY, C. Amy Webb, Founder. **Future Today Institute**, 2020. Disponível em: https://futuretodayinstitute.com/amy-webb/. Acesso em: 22 dez. 2021.

CREVIER, D. **AI**. New York, NY: Basic Books, 1993.

DAMRON, S. **AI academy**: What's the difference between forecasting and predictive modeling? 2017. Disponível em: https://www.onemodel.co/blog/ai-academy-forecasting-vs-predictive-modeling. Acesso em: 22 dez. 2021.

DAVENPORT, M.; HANNAHS, S. J. Phonemic analysis. *In*: **Introducing Phonetics and Phonology**. 4. ed. Abingdon, Oxon; New York, NY: Routledge, 2020.

DAVIS, M. **The universal computer**: the road from Leibnitz to Turing. New York, NY: W. W. Norton & Company, 2000.

DENNYS, H. **Why sushi boss may say yo! To robot waiters**: It's just one idea on a bold menu to revive the restaurant sector, 2019. Disponível em: https://www.thisismoney.co.uk/money/markets/article-7489625/Why-sushi-boss-say-Yo-robot-waiters.html. Acesso em: 22 dez. 2021.

DIGITALAND. **Why advertisers are turning to AI to build smarter banner ads**, 2017. Disponível em: https://www.digitaland.tv/blog/advertisers-turning-ai-build-smarter-banner-ads/. Acesso em: 22 dez. 2021.

DU, K.; ZHU, F.; CHOU, C. C. A new data-driven design method for thin-walled vehicular structures under crash loading. **SAE Int J Trans Saf**. 2017, v. 5, n. 2, p. 188-193.

EWALD, W.; SIEG, W. **David Hilbert's lectures on the foundations of arithmetic and logic 1917-1933**. Berlin: Springer, 2013.

FASHION NETWORK. **Fashion portal Rent it Bae launches first AI retail store**, 2018. Disponível em: https://in.fashionnetwork.com/news/Fashion-portal-rent-it-bae-launches-first-AI-retail-store,1012323.html. Acesso em: 22 dez. 2021.

FELDBERG, S. **Robot Butlers deliver snacks and delight guests at the Vdara**, 2018. Disponível em: https://www.travelweekly.com/North-America-Travel/Robot-butlers-deliver-snacks-and-delight-guests-at-the-Vdara. Acesso em: 22 dez. 2021.

FREGE, G. **Begriffsschrift, eine der arithmetischen nachgebildete formelsprache des reinen denkens** (1879). Hachette LivreBNF, 2012.

FREITAS, A. Afinal, passaram mesmo no teste de Turing? **Galileu**, 11 jun. 2014. Disponível em: https://revistagalileu.globo.com/Tecnologia/noticia/2014/06/afinal-passaram-mesmo-no-teste-de-turing.html. Acesso em: 3 jan. 2022.

GABRYNOWICZ, J. I. Haley archive: Arthur C. Clarke August 1956 Letter on GPS, DBS, and More. **Res Communis** (University of Mississippi), 2008. Disponível em: https://rescommunis.wordpress.com/2008/03/27/haley-archive-arthur-c-clarke-august-1956-letter-on-gps-dbs-and-more/. Acesso em: 22 dez. 2021.

GANESAN, K. **All you need to know about text preprocessing for NLP and machine learning**, 2019. Disponível em: https://www.kdnuggets.com/2019/04/text-preprocessing-nlp-machine-learning.html. Acesso em: 22 dez. 2021.

GAO, R. **Uber now has a panic button in the US**, 2018. Disponível em: https://www.androidpolice.com/2018/05/29/uber-now-panic-button-us/. Acesso em: 22 dez. 2021.

GÖDEL, K. **On formally undecidable propositions of principia mathematica and related systems**. Courier Corporation, 1992.

GOERTZEL, T. The path to more general artificial intelligence. **J Exp Theor Artif In**. v. 26, n. 3, p. 343-354, 2014.

GOERTZEL, B. What counts as a conscious thinking machine? **New Scientist Magazine**. n. 2881, 5 de set. de 2012.

GOOGLE. **Google mission**. Disponível em: https://about.google/. Acesso em: 25 jan. 2022).

GRILL-GOODMAN, J. **First look**: The technology behind Neiman Marcus's new retail experience at New York's Hudson Yards, 2019. Disponível em: https://risnews.com/first-look-technology-behindneiman-marcuss-new-retail-experience-new-yorks-hudson-yards. Acesso em: 22 dez. 2021.

HALL, J. **How artificial intelligence is transforming digital marketing**, 2019. Disponível em: https://www.forbes.com/sites/forbesagencycouncil/2019/08/21/how-artificial-intelligence-is-transformingdigital-marketing/2dd5a60121e1. Acesso em: 22 dez. 2021.

HANSON ROBOTICS. **Sophia**, 2018. Disponível em: https://www.hansonrobotics.com/sophia/. Acesso em: 22 dez. 2021.

HOBBES, T. **Leviathan**. Scotts Valley: CreateSpace Independent Publishing Platform, 2011.

HODGES, A. **Alan Turing**: the enigma. Princeton, NJ: Princeton University Press, 2014.

HOLFORD, N. **The big three**: Asimov, Clarke and Heinlein, 2019. Disponível em: https://www.sfandfantasy.co.uk/php/the-big-3.php. Acesso em: 22 dez. 2021.

HONDA. **Honda Robotics**, 2020. Disponível em: https://global.honda/innovation/robotics/ASIMO.html. Acesso em: 22 dez. 2021.

HUANG, S.-S.; HSIAO, P.-Y. Occupant classification for smart airbag using Bayesian Filtering. **2010 International Conference on Green Circuits and Systems.** IEEE, p. 660-665, 2010.

HYUNDAI ROBOTICS. **About Hyundai Robotics**, 2020. Disponível em: https://www.hyundai-robotics.com/english/intro/intro3.html. Acesso em: 22 dez. 2021.

IAN, G.; YOSHUA, B.; AARON, C. **Deep learning**. Cambridge, MA: MIT Press, 2016.

ISRAEL, S. **Artificial intelligence, human brain to merge in 2030s, says Futurist Kurzweil**, 2015. Disponível em: https://www.cbc.ca/news/science/artificial-intelligence-human-brain-to-merge-in-2030s-says-futurist-kurzweil-1.3100124. Acesso em: 22 dez. 2021.

KACALAK, W.; STUART, K. D.; MAJEWSKI, M. **Selected problems of intelligent handwriting recognition in Analysis and Design of Intelligent Systems Using Soft Computing Techniques**. Patricia Melin *et al.* (Eds.). Berlin, Heidelberg: Springer, 2007.

KAKU, M. Michio Kaku picks five books to help you understand the future. **The Guardian**, 2018. Disponível em: https://www.theguardian.com/books/2018/mar/12/further-reading-michio-kaku-books-to-understand-future. Acesso em: 22 dez. 2021.

KAMATH, U.; LIU, J.; WHITAKER, J. **Deep learning for NLP and speech recognition**. Cham: Springer International Publishing, 2019.

KARNA, K. N. Artificial intelligence in intelligent transportation systems. **I V H S J.** v. 2, n. 3, p. iii–viii, 1995.

KASHYAAP, S.; PUTREVU, S. **What is playing inside Ola Play**, 2018. Disponível em: https://yourstory.com/2018/05/what-is-playing-inside-ola-play/amp. Acesso em: 22 dez. 2021.

KASHYAP, R. **Artificial intelligence systems in aviation in Advances in Computer and Electrical Engineering**: Cases on Modern Computer Systems in Aviation. Pennsylvania: IGI Global, 2019.

KEYPAY. **Is artificial intelligence the future for payroll?**, 2019. Disponível em: https://www.accountingweb.co.uk/community/industry-insights/is-artificial-intelligence-the-future-for-payroll. Acesso em: 22 dez. 2021.

KHAN, A. R.; ASGAR, M. Z. An intelligent agent for a vacuum cleaner. **Int J Digit Cont.** v. 3, n. 2, p. 143-146, 2009.

KIM, J. The problem of distinction between "weak AI" and "strong AI". **J Society Philos Stud.** v. 117, p. 111, 2017.

KRZANICH, B. **Data is the new oil in the future of automated driving**, 2016. Disponível em: https://newsroom.intel.com/editorials/krzanich-the-future-of-automated-driving. Acesso em: 22 dez. 2021.

KUPRENKO, V. **Artificial intelligence in the logistics industry**: the network effect, 2019. Disponível em: https://supplychainbeyond.com/artificial-intelligence-in-the-logistics-industry/. Acesso em: 22 dez. 2021.

LECUN, Y.; BENGIO, Y.; HINTON, G. Deep learning. **Nature**, v. 521, n. 7553, p. 436-434, 2015.

LEE, L. **Who is correct? Elon Musk or Mark Zuckerberg?**, 2017. Disponível em: https://www.enterpriseitnews.com.my/who-is-correct-elon-musk-or-mark-zuckerberg/. Acesso em: 26 jan. 2022.

LEIBNIZ, G. L. **New essays concerning human understanding**. New York, NY: Macmillan, 1896.

LENSKART. **3d try on eyewear**, 2020. Disponível em: https://www.lenskart.com/compare-looks. Acesso em: 22 dez. 2021.

L. G. **Sephora and artificial intelligence**: What does the future of beauty look like?, 2018. Disponível em: https://digital.hbs.edu/platform-rctom/submission/sephora-and-artificial-intelligence-what-does-the-future-of-beauty-look-like/. Acesso em: 22 dez. 2021.

LOWE'S INNOVATION LABS. **Robotics**, 2018. Disponível em: http://www.lowesinnovationlabs.com/home?rq=robotic. Acesso em: 26 jan. 2022.

LUGER, G. F. **Artificial intelligence**: structures and strategies for complex problem solving. Boston; Harlow: Pearson Education, 2008.

MAINI, V. **Machine learning for humans**, Part 3: Unsupervised learning. Towards Data Science, 2017. Disponível em: https://medium.com/machine-learning-for-humans/unsupervisedlearning-f45587588294. Acesso em: 22 dez. 2021.

MAKORTOFF, K. Barclays using 'Big Brother' tactics to spy on staff, says Tuc. **The Guardian**, 2020. Disponível em: https://www.theguardian.com/business/2020/feb/20/barlays-using-dytopian-big-brother-tactics-to-spy-on-staff-says-tuc. Acesso em: 26 jan. 2022.

MARR, B. **What is the difference between AI and robotics?**, 2019. Disponível em: https://bernardmarr.com/what-is-the-difference-between-ai-and-robotics/. Acesso em: 22 dez. 2021.

MARSHALL, V. Abu Mūsā Jābir Ibn **Hayyān**. **Royal Society of Chemistry**: 175 Faces of Chemistry, 2014. Disponível em: https://www.rsc.org/new-perspectives/talent/inclusion-and-diversity/resources/. Acesso em: 26 jan. 2022.

MARSHALL, C. **How Isaac Asimov went from Star Trek Critic to Star Trek Fan & Advisor**, 2015. Disponível em: https://www.openculture.com/2015/12/how-isaac-asimov-went-from-star-trek-critic-to-star-trek-fan-advisor.html . Acesso em: 22 dez. 2021.

MAYOR, A. **Gods and robots**. Princeton, NJ: Princeton University Press, 2018.

MCCARTHY, J. *et al.* A proposal for the Dartmouth summer research project on artificial intelligence, 31 de ago. de 1955. **AI Magazine**. v. 27, n. 4, p. 12-14, 2006.

MCKENDRICK, J. **Nine companies are shaping the future of artificial intelligence**, 2019. Disponível em: https://www.forbes.com/sites/joemckendrick/2019/04/10/nine-companies-are-shaping-the-future-of-artificial-intelligence/?sh=4236b85b2cf1. Acesso em: 22 dez. 2021.

MILES, S. **How retailers use AI, mapping to boost ROI on store remodels**, 2019. Disponível em: https://streetfightmag.com/2019/09/13/how-retailers-use-ai-mapping-to-boost-roi-on-store-remodels/. Acesso em: 22 dez. 2021.

NILSSON, N. J. **Artificial intelligence**: a new synthesis. San Francisco, CA: Morgan Kaufmann, 1998.

NILSSON, N. J. Human-level artificial intelligence? Be serious! **AI Magazine**. v. 26, n. 4, 15 dez. 2005.

OBUKHOV, A.; KRASNYANSKIY, M.; NIKOLYUKIN, M. Implementation of decision support subsystem in electronic document systems using machine learning techniques. **International Multi-Conference on Industrial Engineering and Modern Technologies**. Fareastcon, 2019.

OMQ. **Omq reply**: Automatically reply to e-mails with AI, 2020. Disponível em: https://www.omq.ai/products/reply/. Acesso em: 26 jan. 2022.

OSINSKI, B.; BUDEK, K. **What is reinforcement learning?** The complete guide, 2018. Disponível em: https://deepsense.ai/what-is-reinforcement-learning-the-complete-guide/. Acesso em: 22 dez. 2021.

P. B. S. **Ray Kurzweil**, 2004. Disponível em: https://www.pbs.org/wgbh/theymadeamerica/whomade/kurzweil_hi.html. Acesso em: 22 dez. 2021.

PIATETSKY, G. **Data science, machine learning**: main developments in 2017 and key trends in 2018, 2017. Disponível em: https://www.kdnuggets.com/2017/12/data-science-machine-learning-main-developments-trends.html. Acesso em: 22 dez. 2021.

POOLE, D. L.; MACKWORTH, A. K.; GOEBEL, R. **Computational intelligence**: a logical approach. New York; Oxford: Oxford University Press, 1998.

PORTER, M. E. The value chain and competitive advantage. *In*: **Understanding Business Processes**. David Barnes (Ed.), Londres: Routledge, 2001, p. 50-66.

PRIANI, E. R. L. **The Stanford Encyclopedia of Philosophy**, 2017. Disponível em: https://plato.stanford.edu/archives/spr2017/entries/llull/. Acesso em: 22 dez. 2021.

RAHMAN, W.; KURIEN, P. **Blind men and the elephant**: demystifying the global IT services industry. Nova Delhi; London: SAGE Publications, 2007.

RAHMAN, W. Starbucks isn't a coffee business – it's a data tech company. **Medium**, 2020. Disponível em: https://marker.medium.com/starbucks-isnt-a-coffee-company-its-a-data-technologybusiness-ddd9b397d83e. Acesso em: 22 dez. 2021.

READ, S. Argos launches same day delivery in first for industry. **Evening Standard**, 7 out. 2015. Disponível em: https://www.standard.co.uk/business/argos-launches-same-day-delivery-in-first-for-industry-a3084411.html. Acesso em: 22 dez. 2021.

REAVIE, V. Do you know the difference between data analytics and AI machine learning? **Forbes Agency Council**, 2018. Disponível em: https://www.forbes.com/sites/forbesagencycouncil/2018/08/01/do-you-know-the-difference-between-data-analytics-and-ai-machine-learning/?sh=662383a15878. Acesso em: 22 dez. 2021.

REEDY, C. **Kurzweil claims that the singularity will happen by 2045**, 2017. Disponível em: https://futurism.com/kurzweil-claims-that-the-singularity-will-happen-by-2045. Acesso em: 22 dez. 2021.

ROBERTS, A. **The palgrave history of science fiction**. London: Palgrave Macmillan, 2005.

ROUSE, M.; ROSENCRANCE, L. **What is RPA?** Everything you need to know, 2020. Disponível em: https://searchcio.techtarget.com/definition/RPA. Acesso em: 22 dez. 2021.

RUSSELL, S. J.; NORVIG, P. **Artificial intelligence**: a modern approach. Englewood Cliffs, NJ: Prentice Hall, 2014.

SAMSUNG RESEARCH. **Robot**, 2020. Disponível em: https://research.samsung.com/robot. Acesso em: 22 dez. 2021.

SCHEFFER, C. Train scheduling: Hardness and algorithms. In: **Walcom**: Algorithms and Computation: Lecture Notes in Computer Science. Cham: Springer International Publishing, 2020.

SCHMELZER, R. **Making the Internet of Things (IoT) more intelligent with AI**, 2019. Disponível em: https://www.forbes.com/sites/cognitiveworld/2019/10/01/making-the-internet-of-things-iot-more-intelligent-with-ai/?sh=5f561aeffd9b . Acesso em: 22 dez. 2021.

SCHMIDHUBER, J. Deep learning in neural networks: an overview. **Neur Net**, p. 6185-6117, 2015.

SCIFORCE. **Anomaly detection**: a key task for AI and machine learning, explained, 2019. Disponível em: https://www.kdnuggets.com/2019/10/anomaly-detection-explained.html. Acesso em: 22 dez. 2021.

SEARLE, J. R. Minds, brains, and programs. **Behav Brain Sci**. v. 3, p. 417-457, 2010.

SHELLEY, M. W. **Frankenstein**. New York, NY: Bantam Classics, 2003.

SHEPHERD, A. **The evolution continues**: The lush labs app, 2019. Disponível em: https://lush.com.ph/blogs/blog/the-evolution-continues-the-lush-labs-app. Acesso em: 22 dez. 2021.

SHERSTINSKY, A. Fundamentals of recurrent neural network (RNN) and long short-term memory (LSTM) network. **Physica D**. p. 404, 2020.

SHRIVASTAVA, V. **Video processing**: the new paradigm in artificial intelligence, 2019. Disponível em: https://medium.com/@AuthorVivek/video-processing-the-new-paradigm-in-artificialintelligence-3cf7cb26a582. Acesso em: 22 dez. 2021.

SOMASUNDARAM, M. *et al.* AI enabled blind spot detection using RCNN based image processing. **International Journal of Recent Technology and Engineering (IJRTE)**, v. 8, n. 2S5, p. 28-30, 2019.

STRONG, J. S.; TEISER, S. **Relics of the Buddha**. Princeton, NJ: Princeton University Press, 2004.

SUDHA, C.; NIRMAL RAJ, T. Analysis of suspicious pattern discovery using AI-neural network in credit card fraud detection. **Int J Cur Res Rev**. v. 9, n. 10, 2017.

SVOZIL, D.; KVASNICKA, V.; POSPICHAL, J. Introduction to multi-layer feed-forward neural networks. **Chemometr Int Lab**. v. 39, n. 1, p. 43-62, 1997.

TALABIS, M. *et al.* **Analytics defined in Information Security Analytics**. Amsterdam: Elsevier, 2015.

TAVARES, J. Image processing and analysis: applications and trends. **AES-ATEMA International Conference Series**: *Advances and Trends in Engineering Materials and their Applications*, 2010.

THE PROJECT JMC TEAM. **Professor John McCarthy, father of aI**. Disponível em: http://jmc.stanford.edu/. Acesso em: 22 dez. 2021.

THOMSON, J. J. Killing, letting die, and the trolley problem. **Monist**. v. 59, n. 2, p. 214-217, 1976.

THORSTENSEN, E. Creating golems: Uses of golem stories in the ethics of technologies. **NanoEthics**. v. 11, n.2, p. 153-168, 2017.

TOFFLER ASSOCIATES. **The Toffler Legacy**, 2020. Disponível em: https://www.tofflerassociates.com/about/the-toffler-legacy/. Acesso em: 22 dez. 2021.

TURING, A. M. Computing machinery and intelligence. **Mind**. v. LIX, n. 236, p. 433-460, 1950.

TWI. **What is an autonomous vehicle?**, 2019. Disponível em: https://www.twi-global.com/technical-knowledge/faqs/what-is-an-autonomous-vehicle. Acesso em: 22 dez. 2021.

UNESCO. **Kalinga Prize Laureate 1961 Arthur C. Clarke**, 2020. Disponível em: http://www.unesco.org/new/en/natural-sciences/science-technology/sti-policy/global-focus/science-popularization/prizes/kalinga-prize/kalinga-winners/kalinga-1961/. Acesso em: 22 dez. 2021.

VEISDAL, V. Richard Feynman on artificial general intelligence. **Cantor's Paradise**, 2019. Disponível em: https://www.cantorsparadise.com/richard-feynman-on-artificial-general-intelligence-2c1b9d8aae31. Acesso em: 22 dez. 2021.

VENABLES, M. An overview of computer vision. **Towards Data Science**, 2019. Disponível em: https://towardsdatascience.com/an-overviewof-computer-vision-1f75c2ab1b66. Acesso em: 22 dez. 2021.

WANG, X. *et al.* A neural network GPS navigation algorithm. **Journal of Beijing Institute of Technology** 5. v. 18, p. 1-3, 1998.

WAREHAM, M. **Campaign to stop killer robots**, 2020. Disponível em: https://www.stopkillerrobots.org/. Acesso em: 22 dez. 2021.

WEBB, D. **Humans V. Robots**: The best movies and shows about AI, 2020. Disponível em: https://filmdaily.co/obsessions/best-movies-and-shows-about-ai/. Acesso em: 22 dez. 2021.

WHITEHEAD, A. N.; RUSSELL, B. **Principia mathematica**. Cambridge: Cambridge University Press, 1910.

WOZNIAK, S.; MOON, P. **Three minutes with Steve Wozniak**, 2007. Disponível em: https://abcnews.go.com/Technology/PCWorld/story?id=3396207. Acesso em: 26 jan. 2022.